Ernst Curtius

Zeittafel und Register zu Curtius griechischer Geschichte

Band I. - III.

Ernst Curtius

Zeittafel und Register zu Curtius griechischer Geschichte
Band I. - III.

ISBN/EAN: 9783742897404

Hergestellt in Europa, USA, Kanada, Australien, Japan

Cover: Foto ©ninafisch / pixelio.de

Manufactured and distributed by brebook publishing software (www.brebook.com)

Ernst Curtius

Zeittafel und Register zu Curtius griechischer Geschichte

Zeittafel und Register

zu

Curtius' griechischer Geschichte

Band I—III.

BERLIN,
Weidmannsche Buchhandlung.
1874.

ZEITTAFEL.

Ol.	v. Chr.	
	um 1500.	Küstenvölker des ägäischen Meeres als seefahrende Kriegerstämme in Aegypten I 40 f., 626.
		Die Kinder Javan mit den Phöniziern im Verkehr I 41.
		Die ostgriechischen Stämme verbreiten sich nach Westen I 42 f.
		Aelteste Staaten diesseits und jenseits des Meeres I 60 f.
		Völkerbewegungen im Westen:
		von Norden nach Süden I 93 f.
		von Westen nach Osten (Besetzung von Troas, der Küste und Inseln Kleinasiens) I 109 ff.
		Im Anschluss an das homerische Epos sind diese vorgeschichtlichen Thatsachen in folgendes chronologische System gebracht I 135:
	1193—81.	Trojanischer Krieg I 118 ff.
	1124.	Einbruch der Thessalier in Thessalien, Flucht der Böotier nach Böotien I 94 f., 630.
	1104.	Wanderung der Dorier nach dem Peloponnes I 96 f., 631.
	1054.	Gründung der äolischen Colonien I 111.
	1044.	Gründung der ionischen Städte I 114 ff., 632.
	um 820.	Gesetzgebung des Lykurg I 169 ff., I 187, 637.
	um 800.	Blüthe der Schule des Hesiodos I 529.
	785.	Sinope von Milet gegründet I 399, 653.
1,1.	776.	Sieg des Koroibos in Olympia. Aufzeichnung der olympischen Sieger. Vertrag zwischen Elis und Sparta I 211 ff.
5,1.	760.	Eratos, König von Argos, erobert Asine I 233.
6,1.	756.	Trapezus von Sinope gegründet I 653.
6,4.	753.	Aelteste Ansiedlung der Milesier in Aegypten I 653, 403 f.
7,1.	752.	Zehnjährige Archonten in Athen I 292, II 267.
7,3.	750.	Kyzikos von Milet gegründet I 395 ff.
8,2.	747.	Die Meder fallen von Assyrien ab; neubabylonisches Reich I 544.
9,2—14,1.	743—724.	Erster messenischer Krieg I 189 ff.
9,2.	743.	Rhegion und Zankle von Chalkidiern und Messeniern gegründet I 418 f., 654, III 313, 777.

Ol.	v. Chr.	
10,1.	740.	Colonien der Chalkidier in Thrakien I 408f., III 396.
11,1.	736.	Naxos auf Sicilien von Chalkis gegründet I 420, 654.
11,3.	734.	Kerkyra von Korinth colonisirt I 256, 413 ff. Syrakus von Korinth gegründet I 256, 421 ff., 643, II 508 ff.
12,3.	730.	Katane und Leontinoi I 421. Colonien von Eretria (Methone) III 396.
13,1.	728.	Megara Hyblaia von Megara gegründet I 421.
14,4.	721.	Sybaris von den Achäern gegründet I 423 f.
15,1.	720.	Orsippos aus Megara siegt im Stadion zu Olympia I 266.
15,1.	720.	Sargon, König von Assyrien, (720—703) breitet seine Macht aus überSyrien. Aegypten, Kypros I 428.
15,1.	720.	Parier siedeln sich auf Thasos an II 5.
16,1.	716.	Mylai von Zankle gegründet I 430.
16,1—58,3.	716—546.	Lydien unter den Mermnaden I 544 f., 562, 661.
16,1.	716.	Gyges, aus dem Stamme der Mermnaden, Herrscher von Lydien (716—678) I 544ff., 661. Aufschwung von Sardes. Kampf mit Ionien. Einfall der Kimmerier in Kleinasien.
17,1.	712.	Astakos von Megara gegründet I 410.
17,3.	710.	Kroton von den Achäern gegründet I 423.
18,1.	708.	Tarent von Sparta gegründet I 195, 424 f. Einführung des Pentathlon in Olympia I 217.
19,1.	704.	Der Schiffsbaumeister Ameinokles geht von Korinth nach Samos I 256, 411, 516. (Lelantischer Krieg).
20,1.	700.	Abydos, Lampsakos, Parion von Milet gegründet; Prokonnesos von Kyzikos besetzt I 400, 411. Perdikkas I, König von Makedonien. Hauptstadt Aigai III 401.
22,3.	690.	Gela von Rhodos gegründet I 427 f., II 507.
24,2.	683.	Einjährige Archonten in Athen I 292.
25,1.	680.	Einführung des Viergespanns in Olympia I 217, 240.
25,1.	um 680.	Erfindung des Erzgusses auf Samos durch Rhoikos und Theodoros I 518, 660.
25,4.	677.	Ardys, K. von Lydien (677-628). Kampfgegen die Ionier und Kimmerier I 549,661. Kallinos vonEphesos.
26,1.	676.	Terpandros in Sparta I 196, 529. Erneuerung der Karneen.
26,3.	674.	Chalkedon von Megara gegründet I 411, 266, 654.
27,1.	672.	Die Pisaten unter Pantaleon neben den Eleern in Olympia I 213, 639.
27,2.	671.	Sturz der äthiopischen Dynastie in Aegypten. Neko, Fürst von Memphis I 405, 653.
27,3—52,3.	670—570.	Orthagoriden in Sikyon I 240 ff. 251.
27,3.	670.	Poesie des Alkman (670—650) I 529.
27,4.	669.	Sieg der Argiver über die Spartaner bei Hysiai I 638, 213, 233 ff.
28,1.	668.	Pheidon in Olympia I 213, 641, 237. Ausschluss der Eleer und Spartaner.
28,3.	666.	Psammetichos (Psemetek) König von Aegypten (666—612) I 405f., 653,573; griechische Ansiedler und Söldner (um 620) in Aegypten (Naukratis) I 405f.
28,4.	665.	ThaletasinSparta. Einrichtung derGymnopädien I 197. Seesieg der Kerkyräer über die Korinther I 414.

Ol.	v. Chr.	
29,1.	664.	Gesetzmäfsige Feier in Olympia I 273.
		Akrai von Syrakus gegründet I 422, 429, II 511.
30,1.	660.	Tod des Pheidon vor Korinth I 237.
30,2.	659.	Phigaleia von Sparta erobert I 207.
30,3.	658.	Byzanz von Megara gegründet I 266, 411, 654.
30,4.	657.	Kypselos, Tyrann von Korinth (657-29) I 258 ff., 643.
31,3.	654.	Akanthos und Stageira auf der Chalkidike durch die Chalkidier und Andrier gegründet I 412, 654.
33,1.	648.	Einführung des Pankration in Olympia I 217.
		Myron der Orthagoride siegt in Olympia I 240.
		Himera von Zankle gegründet I 430.
33,1—38,1.	645—628.	Zweiter messenischer Krieg; arkadischer Krieg I 191 ff., 202, 638, 640.
33,4.	645.	Aufstand zu Andania I 191 ff.
34,1.	644.	Die Pisaten Herren in Olympia I 213.
		Kasmenai von Syrakus gegründet I 429.
37,2.	631.	Niederlassung der Therüer unter Battos auf der Insel Plateia an der Küste von Libyen I 437, 656.
37,3.	630.	Massalia von Phokaia gegründet I 434, 569.
		Kolaios aus Samos fährt nach Tartessos I 457, 518, 576.
37,4.	629.	Periandros, Tyrann von Korinth (629—585) I 260 f., 643.
38,1.	628.	Selinus von Megara Hyblaia gegründet I 428.
38,1.	628.	Sadyattes, König von Lydien (628—616); Kampf gegen Phrygien; Fortsetzung des Krieges gegen Ionien I 550 f., 661.
38,4.	625.	Theagenes, Tyrann von Megara I 267 f. Epidamnos von Korinth und Kerkyra gegründet I 414, 447, 654.
39,1.	624.	Kyrene von Thera gegründet I 438, 656.
39,4.	621.	Gesetzgebung des Drakon I 296 f.
41,1.	616.	Alyattes, König von Lydien (616—560); Beendigung des Kampfes mit Milet I 551 f., 661; Krieg zwischen Lydien und Medien I 553 f.
42,1.	612.	Attentat des Kylon I 299, 332, 646.
43,1.	608.	Kampf zwischen Athen und Lesbos (698—606) I 343.
43,3.	606.	Kyaxares von Medien und Nabonassar von Babylon erobern Ninive I 552.
44,1.	604.	Salamis von Athen erobert I 304.
45,1.	600.	Stesichoros Dichter aus Himera I 529.
		Perinthos von Samos gegründet I 577, 597, 662.
		Odessos und Olbia von Milet gegründet I 400 f., 653.
45,1—47,3.	600—590.	Erster heiliger Krieg I 246 ff., 308, 642.
45,2.	599.	Kamarina von Syrakus gegründet I 429, 655, II 508 ff.
46,3.	594.	Archontat des Solon I 327; seine Gesetzgebung I 301 ff., 383 f.
46,4.	593.	Reisen des Solon (593—583) I 331.
47,3.	590.	Erneuerung der Pythien I 246, 642, 478.
47,3.	590.	Pittakos, Aisymnet auf Lesbos (590—580) I 344.
48,4.	585.	Friede zwischen Lydien (Alyattes) und Medien (Astyages) I 553 f., 661; Thales aus Milet verkündet eine Sonnenfinsterniss II 192.
49,3.	582.	Kleisthenes, Tyrann von Sikyon, siegt an den Pythien I 240 ff., 641.

ZEITTAFEL

Ol.	v. Chr.	
49,3.	582.	Ende der Kypseliden I 265. Einsetzung der Isthmien I 478.
50,1.	580.	Zerstörung von Siris II 547.
		Dipoinos und Skyllis Künstler auf Kreta I 520.
51,2.	575.	Kyrene unter Battos II I 439.
51,4.	573.	Stiftung der Nemeischen Spiele I 251, 478, 641.
52,1.	572.	Pisa, durch Sparta vernichtet, verliert die Betheiligung an der Leitung der olympischen Spiele I 214.
52,3.	570.	Die Kyrenäer besiegen die Libyer in Aegypten (Apries) I 439, 560, 573.
52,3.	570.	Amasis, König von Aegypten (570—526); griechische Handelscompagnie (Hellenion) in Naukratis I 406 f., 560; Cypern von Amasis erobert I 574.
53,3.	566.	Einführung gymnastischer Spiele in Athen I 351.
55,1.	560.	Ephorat des Chilon I 204.
		Anaxandridas, König von Sparta. Vertrag mit Tegea I 208.
55,1—63,2.	560—527.	Peisistratos. Tyrann von Athen I 337 ff., 344 ff., 649. Erste Tyrannis 560—559; zweite Tyrannis 554—553; Exil in Eretria 552—541; dritte Tyrannis 541—527.
55,1.	560.	Kroisos, König von Lydien, besteigt den Thron; hellenische Politik I 555.
		Unterwerfung von Ephesos und Smyrna I 555 ff.
55,2.	559.	Solon's Tod I 339.
57,3.	550.	Theognis, Dichter in Megara I 269.
57,4.	549.	Phalaris, Tyrann von Akragas, wird gestürzt I 517, 828.
58,1.	548.	Der Tempel in Delphi brennt ab, wird durch die Alkmäoniden wiederhergestellt I 361.
58,3.	546.	Kroisos von Kyros besiegt. Die Perser erobern Sardes I 562 f.
		Aufstand der asiatischen Griechen unter Paktyes I 566 f.
59,1.	544.	Harpagos bekriegt die Ionier und Lykier I 567 ff.
		Bundestag der Ionier auf Mykale; Bias von Priene I 570.
60,1—70,3.	540—498.	Amyntas I, König von Makedonien I 598 f., III 402 f., 786.
61,2.	535.	Thespis aus Ikaria begründet die attische Tragödie II 284.
um 62,1.	um 532.	Polykrates, Tyrann von Samos (—522); Bund mit Persien; Gründung einer samischen Seeherrschaft. Sparta und Korinth im Kampfe gegen Polykrates I 577 ff., 662.
62,4.	529.	Tod des Kyros I 572.
62,4.	529.	Kambyses, König von Persien (529—521). Verbindung mit Phönizien und Cypern I 575.
63,1.	528.	Kimon Koalemos, Halbbruder des Miltiades, siegt in Olympia I 358.
63,2.	527.	Tod des Peisistratos. Die Söhne folgen I 358, 648 f.
63,4.	525.	Kambyses, von Polykrates unterstützt, besiegt Amasis bei Pelusium I 575 und unterwirft Aegypten I 587.

Ol.	v. Chr.	
64,1.	524.	Kyme von den Tyrrhenern angegriffen II 526.
64,3.	522.	Polykrates' Tod I 585 f.
64,4.	521.	Dareios, König von Persien (521—485). Wiederherstellung der Reichsgewalt und Reformen I 589ff., 663.
65,1.	520.	Regierungsantritt des Kleomenes in Sparta. Einfall desselben in Argolis I 362, 650, II 9.
65,2.	519.	Kampf zwischen Athen und Theben. Plataiai schliefst sich an Athen an. Gesandtschaft der Athener nach Sardes. Verbannung des Kleisthenes I 375 ff., 651.
66,3.	514.	Die Aegineten besiegen die samischen Piraten und besetzen Kydonia II 6. Hipparch ermordet I 359. Die Perser unter Demokedes in Tarent und Kroton I 601, II 547.
66,4.	513.	Zug des Dareios gegen die Skythen I 594 f.; Hülfe der Ionier. Ueberbrückung des Bosporos und der Donau. Histiaios und Miltiades. Feldzüge des Megabazos in Thrakien und Makedonien I 597 ff.
67,1.	512.	Kamarina von Syrakus zerstört und von Gela neu gegründet II 508 f.
67,3.	510.	Hippias vertrieben. Kleomenes in Attika I 362, 453. Parteikämpfe in Athen. Einsetzung des Ostrakismos. Reformen des Kleisthenes I 363 ff., 377 ff. Sybaris von Kroton zerstört II 547, 829.
68,1.	508.	Archontat des Isagoras in Athen. Zweiter Einfall des Kleomenes. Reaktion in Athen I 373. Rückkehr des Kleisthenes (um 508—507) I 374.
68,2.	507.	Kriegszug der Peloponnesier unter Kleomenes und Demarat gegen Athen. Uneinigkeit unter den Führern und Rückkehr von Eleusis. Athen siegt über Theben und Chalkis. Attische Kleruchen in Chalkis I 378 ff., 652, II 249; Aufschwung Athens I 383 ff.
68,4. 70,2.	505. 499.	Hippias auf dem Bundestag in Sparta I 381. Unglücklicher Feldzug der Perser unter Aristagoras und Megabates gegen Naxos I 605 f. Abfall der Ionier. Aristagoras und Hekataios. Reise des ersteren nach Griechenland. Hülfstruppen von Athen und Eretria I 609 f.
70,3.	498.	Die Ionier nehmen Sardes, werden aber bei Ephesos geschlagen I 610 f.; Verbreitung des Aufstandes, Unterdrückung desselben in Kypros I 611 f. Die Perser unter Artaphernes erobern die Städte am Hellespont und in Karien I 612 f.
70,3.	498.	Hippokrates, Tyrann von Gela (498—91) II 507 f. Alexandros I Philhellen, König von Makedonien (498—54) I 599, II 65, 87 f., III 402 ff.
71,3.	494.	Die Flotte der Ionier bei Lade geschlagen. Zerstörung von Milet. Unterwerfung von Ionien und Karien I 615 ff.

Ol.	v. Chr.	
71,4.	493.	Zug der Perser unter Mardonios gegen Griechenland; Untergang der Flotte am Athos, Bedrängniss des Landheers in Thrakien I 619 ff., II 1 f. Archontat des Themistokles. Gründung des Peiraieus II 17 f., 798 f., 801. Hippokrates unterwirft Leontinoi, Naxos, Zankle. Der Tyrann Skythes aus Zankle vertrieben. Anaxilaos Tyrann von Rhegion (493—476) I 616, II 509.
72,2.	491.	Rüstungen des Dareios. Unterwerfung von Thasos II 5 f. Aigina; mit Athen verfeindet, huldigt den Persern II 8. Demaratos abgesetzt. Zug des Kleomenes gegen Aigina. Tod desselben. Leotychides und Leonidas folgen II 10 f., 797 f. Ehernes Hermesbild auf dem Markt in Athen II 18, 799. Gelon (491—76) Tyrann von Gela II 510 ff., 827 f.
72,3.	490.	Erster Perserkrieg unter Datis und Artaphernes. Einnahme von Karystos und Eretria II 12 ff. 12. Sept. Schlacht bei Marathon. Miltiades und Aristeides Feldherrn II 20 ff., 799.
72,4.	489.	Unglücklicher Zug des Miltiades gegen Paros; Miltiades' Tod II 27 ff., 800. Archontat des Aristeides II 30. Theron (489—72) Tyrann von Akragas und Himera II 518 f.
73,2.	487.	Neue Rüstungen des Dareios. Aufstand von Aegypten II 39. Bergwerkgesetz des Themistokles II 32 ff., 800 f.
73,4.	485.	Tod des Dareios. Xerxes (485—465) folgt II 40 f., 807.
74,1.	(um 484.	Epicharmos in Syrakus II 533.
74,2.	um 483.	Verbannung des Aristeides. Themistokles Gründer der attischen Seemacht II 36 ff., 30 ff., 800 f. Gelon, Herrscher in Syrakus II 512 f., 827; Vergrößerung von Syrakus durch Zuzüge aus Gela, Kamarina, Megara.
74,4.	481.	Rüstungen und Aufbruch des Xerxes II 44 ff.; Versammlung der Hellenen auf dem Isthmos (Herbst) II 61 ff., 802; eine griechische Gesandtschaft spricht Gelon um Bundeshülfe an II 515 f.
75,1.	480.	Zweiter Perserkrieg unter Xerxes. Auszug der Hellenen nach Tempe II 65. Juli. Kampf bei Thermopylai II 68 ff., 803; drei Seegefechte bei Artemision II 71 ff.; Einmarsch der Perser nach Griechenland II 74 f. 20. Sept. Schlacht bei Salamis II 76 ff., 289, 803; Rückkehr des Xerxes. Mardonios in Thessalien II 83 ff. Anaxagoras II 196, 812 und Aischylos in Athen II 286. Sieg des Theron und Gelon über die Carthager bei Himera II 521 f., 535, 838.

Ol.	v. Chr.	
75,2.	479.	Mardonios rückt von Thessalien in Griechenland ein I 89; zweite Besetzung von Athen II 89. Sept. Schlacht bei Plataiai unter Pausanias und Aristeides II 91 ff., 803. Oct. Erneuerung der hellenischen Bundesgenossenschaft. Bestrafung von Theben II 96. Schlacht bei Mykale unter Xanthippos und Leotychides II 104 f., 805. Aufnahme zahlreicher ionischer Staaten in die griechische Bundesgenossenschaft II 105 f.
75,3.	478.	Winter. Xanthippos erobert Sestos II 106 f., 114, 805. Wiederaufbau von Athen II 107 ff., 805; Themistokles als Gesandter in Sparta. Befestigung des Peiraieus II 111. Verfassungsäuderung des Aristeides II 112 ff.
76,1.	476.	Frühjahr. Ausfahrt der hellenischen Bundesflotte unter Pausanias, Aristeides und Kimon. Eroberung der meisten Städte auf Kypros; Feldzüge des Leotychides in Thessalien II 115, 143. Spätsommer. Eroberung von Byzanz, Verrath des Pausanias II 116 f. Erbitterung gegen Sparta. Uebergang der Hegemonie an Athen II 119 f., 806. Anaxilaos, Tyrann von Rhegion und Zankle stirbt. Mikythos folgt II 543. Hieron, Tyrann von Syrakus und Gela (476—67) II 524 ff., 827 f.; Gründung von Aitna II 528; Epicharmos, Sophron, Aischylos, Pindar, Simonides in Syrakus II 535 ff., 818, 829; grofsartige Land- und Wasserbauten II 537 ff., 829.
76,2.	475.	Organisation des delisch-attischen Seebundes II 121 ff.
76,3.	474.	Prozess des Pausanias II 133 f. Hieron besiegt die Tyrrhener II 526, 548.
76,4.	473.	Die Tarentiner werden von den Barbaren besiegt II 548, 830. Aufführung der „Perser" des Aischylos II 132, 289.
77,1.	472.	Theron stirbt; sein Sohn Thrasydaios wird von Hieron besiegt und verliert die Herrschaft II 527. Demokratie in Akragas II 542. Themistokles in Olympia II 131.
77,3.	470.	Verbannung des Themistokles II 132, 807; Kimon übernimmt die Führung II 132, 145; erobert Eïon, unterwirft Skyros II 127. Elis wird Gesammtstaat II 135, 167.
77,4.	469.	Rückführung der Gebeine des Theseus nach Athen II 127, 806; unglücklicher Zug der Athener nach Thrakien II 142, 808. Leotychides abgesetzt. Archidamos folgt (469—427) II 143, 166, 805.
78,2.	467.	Tod des Pausanias II 134. Hieron in Syrakus stirbt. Thrasybul folgt II 541; Mikythos entsagt der Tyrannis in Rhegion und Zankle. Die Söhne des Anaxilaos folgen II 543.

Ol.	v. Chr.	
78,2.	467.	Athen unterwirft Karystos und Naxos. Flucht des Themistokles II 128 f.; Aristeides stirbt II 147, 807 f.; Perikles gewinnt Einfluss II 149 ff., 206 ff., 221 ff.
78,3.	466.	Ende der Tyrannis in Syrakus. Herstellung der Republik II 541 f., 829.
78,4.	465.	Kimon siegt am Eurymedon und erobert den Chersonnes II 137 f.; Xerxes wird von Artabanos ermordet II 137, 808.
79,1.	464.	Artaxerxes I., K. von Persien (464—25) II 137 f., 670, 807. Abfall von Thasos. Die Athener von den Thrakern bei Drabeskos besiegt II 143, 808, III 425. Erdbeben in Sparta. Aufstand der Heloten und Messenier II 144, 153 f., 166; dritter messenischer Krieg (464—456).
79,3.	462.	Regeneration von Argos II 154 f., 809. Unterwerfung von Thasos II 144, 151.
79,4.	461.	Ein attisches Hülfsheer wird von den Spartanern zurückgeschickt II 153 f., 809; Bruch zwischen Athen und Sparta II 154 f.; Bund zwischen Athen und Argos II 155, 165. Wiederherstellung von Katane II 543.
80,1.	460.	Tod des Themistokles II 141, 798, 808. Aegypten fällt unter Inaros von Persien ab und wird von den Athenern unterstützt II 157, 809. Auf Antrag des Ephialtes wird dem Areopag sein politischer Einfluss entzogen II 158, 212, 809; vollständige Durchführung der Demokratie, Einsetzung der Nomophylakes und Sophronisten II 160 f.
80,2.	459.	Kimon verbannt II 159. Megara tritt dem attischen Bunde bei II 167 f.
80,3.	458.	Korinth, Aigina und Epidauros im Kriege mit Athen siegen bei Halieis, werden bei Kekryphaleia und Aigina geschlagen. Sieg des Myronides über die Korinther in Megaris II 167 ff.
80,4.	457.	Die Spartaner ziehen nach Mittelgriechenland, züchtigen die Phokeer und besiegen die Athener bei Tanagra (Herbst) II 169 ff., 810. Ephialtes ermordet II 170.
81,1.	456.	Die Athener unter Myronides besiegen die Thebaner bei Oinophyta. Zug nach Thessalien II 172, III 337. Einsetzung der Demokratie in Böotien II 172. Aigina wird besiegt und tributpflichtig. Die attische Flotte fährt um den Peloponnes unter Tolmides II 173. Einnahme von Ithome. Ende des messenischen Krieges II 173, 810; Ansiedlung der Messenier in Naupaktos. Die Athener und Aegypter werden auf der Nilinsel Prosopitis eingeschlossen und vernichtet II 174, 811.
81,2.	455.	Aischylos stirbt in Gela II 829.

Ol.	v. Chr.	
81,3.	454.	Perikles mit einer Flotte im korinthischen Meer. Achaja in den attischen Bund aufgenommen II 174. Kimons Rückkehr II 175. Bundeskasse in Athen II 164, 244; Organisation der attischen Finanzen; erste Berechnung der Tributquoten durch die Logisten II 247 f., 810, 815 f. Parmenides und Zenon in Athen II 201. Perdikkas II (454—413) III 404 ff.
82,1.	453.	Perikles führt attische Colonisten nach dem thrakischen Chersonnes II 251.
82,2.	451.	Fünfjähriger Waffenstillstand zwischen Athen und Sparta II 176, 311. Empedokles in Akragas II 195.
82,3.	450.	Dreifsigjähriger Friede zwischen Argos und Sparta II 562 f.
82,4.	449.	Seezug der Athener gegen Kypros (Frühjahr); Sieg bei Salamis. Kimon's Tod II 177, 811.
83,1.	448.	Angriff der Phokeer auf Delphi. Einmischung von Athen und Sparta II 178.
83,2.	447.	Niederlage der Athener bei Koroneia II 179, 230. Die Sybariten kehren zurück und werden auf's Neue von den Krotoniaten besiegt II 548, 830.
83,3.	446.	Attische Expedition nach Italien unter Lampon zur Wiederherstellung von Sybaris II 252. Euboia und Megara fallen von Athen ab. Pleistoanax rückt in Attika ein und wird von Perikles zum Rückzug bewogen II 180, 491. Euboia wieder unterworfen. Attische Kleruchen in Histiaia (Oreos), Chalkis, Eretria II 180 f., 249 f., 816. Herodot in Athen II 266, 817.
83,4.	445.	Dreifsigjähriger Friede zwischen Athen und Sparta II 181. Gesandtschaft der Athener unter Kallias nach Susa (sog. Kimonischer Friede) II 182 ff., 811 f. Eintheilung der Bundesgenossen in fünf Steuerbezirke II 243; Neubauten in Attika II 310 ff., 819. Theurung in Athen. Das Bürgergesetz des Perikles II 256 f., 816.
84,1.	444.	Thukydides, Melesias' Sohn, verbannt II 166 f., 812. Vollendung des Odeion in Athen II 331.
84,2.	443.	Gründung von Thurioi (Frühjahr) II 252 f., 549, 816. Hippodamos von Milet II 19, 252, 272.
85,1.	440.	Streit zwischen Samos und Milet um Priene. Abfall der Samier. Perikles vor Samos II 236 ff., 815. Nachsteuer der Bundesgenossen II 244, 815. Duketios, Fürst der Sikuler, Gründer von Palikoi und Kale Akte stirbt II 553.
85,2.	439.	Samos und Byzanz unterworfen II 239.
85,3.	438.	Vollendung des Parthenon II 320 ff., 331, 819 ff. Euripides' Alkestis III 87. Spartokiden am kimmerischen Bosporos III 452 f.

Ol.	v. Chr.	
85,4.	437.	Amphipolis gegründet II 254, 816, III 404, 420. Die Propyläen werden begonnen II 334, 338, 820. Einschränkung der Bühnenfreiheit in Athen II 374.
86,1.	436.	Pheidias in Olympia II 375.
	434.	Fehde zwischen Korinth und Kerkyra wegen Epidamnos. Die Kerkyräer besiegen die Korinther bei Aktion und nehmen Epidamnos II 345 ff.
	433.	
86,4.		Verhandlungen in Athen. Bündniss zwischen Kerkyra und Athen II 347 f. Bundesgenossenschaft zwischen Athen und Rhegion II 554. Meton erfindet eine Sonnenuhr (Heliotropion), neuer Kalender in Athen II 273, 818.
	432.	Schlacht bei Sybota II 349 f., 821.
87,1.		Potidaia, von Korinth und Perdikkas unterstützt, fällt mit andern Städten der Chalkidike von Athen ab II 351 ff., III 406, 786. Sept. Treffen bei Potidaia und Belagerung der Stadt unter Phormion II 351 ff., 480. Alkibiades und Sokrates II 574, III 94, 757. Sommer. Handelssperre gegen Megara in Athen beschlossen II 354. Nov. Berathungen und Kriegsbeschluss in Sparta II 355 f., 821. Verhandlungen zwischen Sparta und Athen II 360 ff. Gegenseitige Rüstungen II 365 ff., 821. Anfeindungen des Perikles II 372 ff.; Pheidias' Tod II 376, 822.
	431.	Ausbruch des peloponnesischen Kriegs II 380 ff., 822, 841. Erneute Angriffe auf Perikles. Anaxagoras verlässt Athen II 378 f., 822. 4. Apr. Plataiai von den Thebanern überfallen 381 ff., 822. Juni. Erster Einfall der Peloponnesier in Attika unter Archidamos II 383 f., 822.
87,2.		Die Athener landen an der Küste des Peloponnes, vertreiben die Aegineten, verwüsten Lokris und Megaris und schliefsen einen Bund mit Sitalkes II 387 ff., 419. Bestattung der Gefallenen. Leichenrede des Perikles II 390.
	430.	Frühjahr. Ausbruch der Pest II 391 ff., 823. Zweiter Einfall der Peloponnesier in Attika unter Archidamos II 394. Zug des Perikles gegen Argolis. Belagerung von Epidauros. Einnahme von Prasiai II 394.

Ol.	v. Chr.	
	430.	Sommer. Verurteilung und Absetzung des Perikles II 396 f., S23.
87,3.		Perikles wieder Feldherr. Vereitelte Gesandtschaft der Peloponnesier nach Susa II 398, 669.
	429.	Attische Flotte im korinthischen Meerbusen und in den karischen Gewässern II 399. Winter. Einnahme von Potidaia II 399, 826. Kolophon von den Persern besetzt II 431. Frühjahr. Plataiai von den Peloponnesiern unter Archidamos belagert II 399, 419.
87,4.		Verluste der Athener bei Spartolos. Krieg in Akarnanien. Peloponnesische Flotte im korinthischen Meerbusen zweimal besiegt von Phormion II 400 f. Herbst. Perikles stirbt II 402. Peloponnesier landen unter Knemos und Brasidas auf Salamis II 419. Winter. Sitalkes' Zug gegen Perdikkas II 420, III 392, 406, 785.
	428.	Frühjahr. Züge des Phormion und Asopios nach Akarnanien II 421. Euripides' „Hippolytos" III 72. Sommer. Abfall von Mytilene II 421 ff. Dritter Einfall der Peloponnesier unter Archidamos II 424
88,1.		Juli. Hülfsgesuch der Mytilenäer in Olympia II 425. Streifzüge der attischen Flotte nach dem Isthmos, Lakonien und Akarnanien. Paches belagert Mytilene (Herbst) II 426. Sept. Archidamos ummauert Plataiai. Durchbruch von 220 Plataiern (Dec.) II 427 ff.
	427.	Archidamos stirbt. Agis folgt (427—399) Vierter Einfall der Peloponnesier in Attika unter Kleomenes. Vergebliche Ausfahrt einer peloponnesischen Flotte unter Alkidas nach Lesbos und Ionien II 430 ff., 445. Uebergabe von Mytilene. Verhandlungen über dasselbe in Athen II 430 ff.; überwiegender Einfluss von Kleon II 414, 432 ff., 824; Strafgericht über die Mytilenäer II 441, 825. Krieg zwischen den dorischen und ionischen Städten auf Sicilien. Die Leontiner schicken eine Gesandtschaft unter Gorgias nach Athen II 554.
88,2.		Sommer. Uebergabe von Plataiai. Die Besatzung von den Spartanern hingerichtet II 441 ff. Bürgerfehden in Kerkyra. Die Aristokraten von einer peloponnesischen Flotte unter Alkidas und Brasidas, der Demos von einer attischen Flotte unter Nikostratos und Eurymedon unterstützt II 446 ff., 825. Neuer Ausbruch der Pest in Athen. Erdbeben II 451, 825. Laches und Charoides werden von Athen mit 20

Ol.	v. Chr.	
88,2.		Schiffen nach Sicilien geschickt, besetzen Rhegion und machen einen vergeblichen Angriff auf die liparischen Inseln (Winter) II 555, 830.
	426.	Nikias befestigt die Insel Minoa II 452 f.
		März. Aufführung von Aristophanes' „Babyloniern" II 465.
		König Pleistoanax kehrt aus der Verbannung nach Sparta heim II 491 f.
		Thera tritt dem attischen Bunde bei II 592.
88,3.		Die Spartaner gründen Herakleia in Trachinien II 452.
		Nikias besetzt Melos, landet in Oropos, schlägt die Böotier bei Tanagra II 453.
		Demosthenes im Bunde mit den Akarnanen verheert Leukas, unternimmt einen unglücklichen Feldzug gegen Aetolien, rettet das von den Peloponnesiern bedrohte Naupaktos II 454 ff., 825.
		Fehde zwischen Ambrakia und den Akarnanen. Ein peloponnesisches Heer unter Eurylochos vereinigt sich mit den Ambrakioten.
		Winter. Siege des Demosthenes über die Peloponnesier und Ambrakioten bei Olpai II 456 f., 825.
		Laches nimmt Mylai und Messana und bekriegt die epizephyrischen Lokrer (Winter) II 556, 596.
	425.	Febr. Aristophanes' „Acharner" aufgeführt II 493; Euripides' „Andromache" III 72.
		Frühjahr. Entsühnung von Delos und Neuordnung der Apollonfeier durch Nikias II 458.
		Frühjahr. Eine attische Flotte unter Eurymedon und Sophokles nach den sicilischen Gewässern und nach Kerkyra abgesandt II 460 ff.
		Demosthenes besetzt Pylos und besiegt daselbst die peloponnesische Flotte. Eine Anzahl vornehmer Spartaner auf der Insel Sphakteria eingeschlossen II 460 ff., 825.
		Fünfter Einfall der Peloponnesier in Attika unter Agis II 461.
		Messana von Syrakus genommen. Pythodoros von Athen nach Sicilien geschickt II 556.
88,4.		Juli. Abschluss eines Waffenstillstandes. Die Friedensvorschläge der Spartaner auf Kleon's Rath abgewiesen II 463 ff.
		Aug. Neuer Kampf in Pylos unter Kleon. Uebergabe der Spartaner II 467 ff.
		Sept. Neue Schätzung der Bundesgenossen und Erhöhung der Tribute II 469 f., 826.
		Vergeblicher Angriff des Nikias auf das Gebiet von Korinth. Besetzung der Halbinsel Methone II 471.
		Herbst. Demosthenes und Sophokles in Kerkyra. Ermordung der Aristokraten. Die Athener nehmen Anaktorion II 472.

Ol.	v. Chr.	
88,4.		Gesandtschaft der Spartaner nach Persien II 479. Spätherbst. Die attische Flotte unter Eurymedon trifft in Sicilien ein II 556 f., 830. Winter. Artaxerxes I stirbt. Dareios II Nothos (425—405) folgt. Abfall des Pissuthnes. Tissaphernes und Pharnabazos, Satrapen in Kleinasien II 670 f., 741, 835; Artaphernes als persischer Bevollmächtigter auf der Reise nach Sparta wird von den Athenern aufgegriffen II 669 f.
	424.	Febr. Aristophanes' „Ritter" aufgeführt II 493 f. Sommer. Nikias besetzt Kythera, plündert die lakonischen Küsten und nimmt Thyrea in Kynurien II 473, 826.
89,1.		Demosthenes nimmt Nisaia, wird aber durch Brasidas an der Eroberung von Megara gehindert II 474, 481. Oct. Dreifacher Angriff der Athener auf Böotien. Niederlage bei Delion II 476 ff., III 94, 757. Brasidas im Bunde mit den Chalkidiern und Perdikkas, zieht über Megaris, Herakleia, Thessalien, Makedonien nach Thrakien gegen die attischen Colonien, gewinnt Akanthos, Stageiros, Argilos, (Herbst) II 478 ff., III 407, 786; dann Amphipolis (Winter), während der athenische Feldherr Thukydides Eion behauptet II 484 ff., 826 f.; ferner die meisten Städte der Akte, Torone und Lekythos II 488 f., 827. Spartanischer Harmost nach Amphipolis geschickt III 6, 750. Hermokrates vermittelt den Frieden unter den sicilischen Städten. Rückkehr der attischen Flotte II 558 f., 596. Sitalkes fällt im Kampf gegen die Triballer, Seuthes folgt III 392.
	423.	März. Waffenstillstand zwischen Athen und den Peloponnesiern II 495. Aristophanes „Wolken" III 93, 96, 107.
89,2.		Brasidas gewinnt Mende und Skione auf Pallene und zieht mit Perdikkas gegen die Lynkesten II 496. Eine attische Flotte, unter Nikias und Nikostratos nach der Chalkidike geschickt, erobert Mende zurück II 496. Vertrag zwischen Athen und Perdikkas II 496 f. Die Delier werden von den Athenern ausgetrieben II 497.
	422.	Die Böotier nehmen Panakton II 502. Phaiax als Gesandter von Athen nach Sicilien geschickt II 552.
89,3.		Herbst. Kleon nach Thrakien geschickt, erobert Torone: von Brasidas bei Amphipolis geschlagen. Beide Feldherrn fallen II 498 ff., 827.

Ol.	v. Chr.	
89,3.		Winter. Friedensverhandlungen unter Einfluss von Nikias und Pleistoanax eingeleitet II 501.
	421.	März. Aristophanes „Friede" II 568, 831.
		April. Friede des Nikias. Fünfzigjähriges Bündniss zwischen Athen und Sparta II 502 f., 561 ff., 527, 830.
89,4.		Die Athener befestigen sich wieder auf den Halbinseln der Chalkidike und erstürmen Skione II 590.
	420.	Peloponnesischer Sonderbund zwischen Argos, Korinth, Elis, Mantineia und den chalkidischen Städten II 563 ff., 590.
		Pleistoanax zieht gegen die Mantineer, besetzt Lepreon II 565 ff.
		Neue Spannung zwischen Athen und Sparta wegen der Ausführung der Friedensbedingungen. Auftreten des Alkibiades II 569 ff., 600 ff., 831.
		Frühjahr. Bund zwischen Sparta und Theben. Panakton an die Athener ausgeliefert II 567, 671.
		Bund zwischen Athen, Argos, Mantineia und Elis durch Alkibiades gestiftet, dem Patrai beitritt II 578.
90,1.		Sparta von den Olympien ausgeschlossen II 578.
		Alkibiades als Sieger in Olympia II 603.
		Euripides' „Schutzflehende" III 72.
	419.	Fehde zwischen Argos und Epidauros; ersteres von Athen, letzteres von Sparta und Korinth unterstützt II 579, 831.
90,2.		Winter. Die Spartaner senden Hülfstruppen nach Epidauros II 579.
	418.	Jan. Ein spartanisches Heer unter Agis rückt gegen Argos. Waffenstillstand auf vier Monate. Rückkehr des Agis. Ankunft eines attischen Heeres unter Laches und Nikostratos II 580 ff.
		Epameinondas' Geburt III 258, 771.
90,3.		Aug. Die verbündeten Argiver, Mantineer und Athener werden bei Mantineia von Agis geschlagen II 582 ff., 667 und belagern Epidauros.
		Winter. Bund zwischen Argos und Sparta II 584; Perdikkas schliefst sich an III 408, 786. Dreifsigjähriger Friede mit Mantineia III 230, 765; Einsetzung von Zehnmännern in Sparta II 667, III 126, 759 f.
	417.	April. Hyperbolos aus Athen verbannt. Letzter Ostrakismos II 587, 831.
		Sommer. Wiederherstellung des Bundes zwischen Athen und Argos II 589, 832.
		Sommer. Feldzüge der Athener unter Nikias und Lysistratos nach der Chalkidike II 591, 832.
90,4.		Vergeblicher Zug der Spartaner gegen Argos II 589.

Ol.	v. Chr.	
91,1.	416.	Fortsetzung der attischen Unternehmungen gegen Thrakien und Perdikkas II 591, 832.
		Herbst. Fehde zwischen Selinus und Egesta. Gesandtschaft der Egestäer in Athen II 560, 595 f., 609 f., 830.
		Winter. Die Athener erobern Melos II 594, 832.
	415.	Frühjahr. Eupolis greift in den „Bapten" den Alkibiades an II 606, 833.
		März. In Athen wird durch Alkibiades' Einfluss die Unterstützung der Egestäer beschlossen II 610 ff., 833.
		10—11. Mai. Hermenfrevel in Athen II 617 ff.
		Juni. Alkibiades wegen Entweihung der Mysterien denuncirt II 619 ff., 833.
		Juli. Abfahrt der attischen Flotte nach Sicilien II 621 f., 833.
		Ankunft der Flotte in Rhegion. Die Athener nehmen Naxos und Katane II 623 f.
91,2.		Ende Juli. Neue Denunciationen und Verhaftungen in Athen. Peisandros II 625 ff., 833.
		Alkibiades abberufen und verurteilt II 624, 627 f.
		Einschränkung der Bühnenfreiheit durch Syrakosios II 629, 833.
		Herbst. Die Athener fahren über Himera nach Egesta, von da in den Hafen von Syrakus (Nov.), machen einen Angriff auf Messana und beziehen Winterquartiere bei Naxos II 632.
		Winter. Hermokrates befestigt Syrakus. Gesandtschaften der Syrakusaner nach dem Peloponnes, Kamarina und Carthago II 633 ff., 834.
		Alkibiades flieht über Thurioi, Elis, Argos nach Sparta II 640, 834.
	414.	Frühjahr. Die Athener machen Streifzüge in das Gebiet der Syrakusaner und einen Angriff auf Syrakus II 637 ff.
		März. Aristophanes' „Vögel" II 629, 833 f.
		Mai. Der Spartaner Gylippos wird mit einer kleinen Schaar nach Sicilien ausgesandt II 643.
		Juni. Epipolai von den Athenern erstürmt; Hauptquartier derselben bei Labdalon, Flottenlager bei Thapsos. Castell bei Syke. Belagerungsarbeiten und siegreiche Kämpfe der Athener. Lamachos fällt. Verhandlungen über die Capitulation von Syrakus. Hermokrates von den Demokraten gestürzt II 638 ff., 834.
		Sommer. Ein attisches Geschwader unter Pythodoros macht Landungen in Lakonien II 672.
91,3.		Juli. Gylippos landet in Himera, gelangt nach Syrakus, überrumpelt die Athener in Labdalon II 644 f., 834; und verhindert die Athener an der völligen Einschliefsung von Syrakus. Nikias befestigt Plemmyrion II 646, 834, welches Gylippos erobert (Juli) II 646, 650, 834.

Ol.	v. Chr.	
91,3.		Herbst. Die Athener. mit Perdikkas verbündet, im Kampf gegen Amphipolis II 591.
		Winter. Nikias bittet um Verstärkung und Entlassung II 645.
		Dec. Eurymedon wird mit 10 Schiffen nach Syrakus geschickt II 648
	413.	Winter. Kriegsbeschluss der Peloponnesier II 672.
		Frühjahr. Einfall des Agis in Attika, Besetzung von Dekeleia II 672 f., 678, 835.
		Juni. Thrakische Söldlinge überfallen Mykalessos in Böotien II 671.
		Juli. Die attische Flotte wird im Hafen von Syrakus geschlagen II 651.
91,4.		August. Demosthenes kommt mit 73 neuen Trieren und unternimmt einen unglücklichen Angriff auf Epipolai II 652 f., 834; die Athener beschliefsen den Rückzug (27. Aug.), werden zu Lande und zu Wasser geschlagen (30. Aug.) II 654 f.
		September. Neue Niederlage der Athener im Hafen (1. Sept.); Abzug zu Lande (3. Sept.); Kämpfe beim akräischen Berge (6-8 Sept.), die Nachhut unter Demosthenes beim Polyzeleion eingeschlossen; gänzliche Niederlage und Capitulation des Nikias am Asinaros (10. Sept.); 7000 Gefangene in den Steingruben. Demosthenes und Nikias hingerichtet II 656 ff., 834 f.
		Archelaos, König von Makedonien (413-399). Griechische Künstler und Dichter in Pella II 773, III 409 f., 546, 787.
		Winter. Abfall von Thurioi. Unzufriedenheit der Bundesgenossen II 663 ff., 676. Erhebung von Hafenzöllen an Stelle der Tribute. Eikostologen II 674, 677, 835.
		Chios und Erythrai in Verbindung mit Tissaphernes. Gesandtschaften des Tissaphernes und Pharnabazos bieten Sparta Hülfe an II 671, 678, 684.
		Winter. Verfassungsänderungen in Athen. Probulen. Neue Rüstungen. Allgemeine Amnestie. Befestigung von Sunion II 676 f.
		Winter. Agis im Bund mit Böotien unternimmt von Dekeleia Streifzüge nach Herakleia, Phthiotis, Euboia II 678 f. Chios und Erythrai in den peloponnesischen Bund aufgenommen. Flottenrüstungen zum ionischen Krieg II 680.
	412.	Frühjahr. Die peloponnesische Flotte unter Agis von einer attischen in der korinthischen Bucht Peiraios blokirt II 681. Alkibiades mit 5 spartanischen Schiffen landet auf Chios. Chios, Erythrai, Klazomenai fallen offen von Athen ab. Ionischer Krieg II 682 ff., 835; eine attische

Ol.	v. Chr.	
	412.	Flotte unter Strombichides nach Ionien geschickt. Alkibiades in Milet. Vertrag zwischen Persien und Sparta II 683 f.
92,1.		Sommer. Die peloponnesische Flotte, aus ihrer Einschliefsung befreit, fährt nach Ionien. Abfall von Lesbos. Vertreibung der Aristokraten auf Samos II 835, 865 f. Die Athener gewinnen Mytilene und Klazomenai wieder, plündern Chios, schicken eine neue Flotte unter Phrynichos nach Ionien. Seesieg derselben bei Milet (Herbst) II 686. Alkibiades' Flucht und Einfluss bei Tissaphernes zu Gunsten Athens II 689 f.; Verhandlungen mit den attischen Oligarchen im samischen Lager II 692. Jan. Aristophanes' „Lysistrate" II 694, 836. Peisandros als Unterhändler von Samos nach Athen geschickt II 693 f. Phrynichos als Feldherr abgesetzt II 695. Jan. Lichas und Tissaphernes treffen mit einer spartanischen Flotte in Knidos ein und verhandeln mit Tissaphernes. Der Spartaner Astyochos besiegt den attischen Feldherrn Charminos und gewinnt Rhodos II 697 f.
	411.	Febr. Vergebliche Verhandlungen des Peisandros mit Alkibiades und Tissaphernes in Magnesia II 699. Oligarchische Umtriebe in Athen. Theramenes und Antiphon II 700 f. März. Rückkehr des Peisandros. Umsturz der Verfassung. Rath der Vierhundert II 703 ff., 836. Angriff des Agis auf Athen. Friedensgesandte nach Sparta II 705, 712. März. Der Spartaner Derkyllidas gewinnt Abydos und Lampsakos II 726. April. Demokratische Gegenbewegung beim Heere in Samos. Die samischen Aristokraten unterdrückt. Thrasybulos und Thrasyllos Feldherrn II 706 ff. April. Alkibiades zurückberufen, wird in Samos zum Feldherrn gewählt und empfängt die Gesandten der Oligarchen II 709 f.; Bund mit Argos II 712, 724. Zerwürfnisse zwischen den Peloponnesiern und Tissaphernes, der zu der phönikischen Flotte an der Südküste von Kleinasien geht II 711, 725. April. Byzanz von den Peloponnesiern genommen II 726, 735. Mai. Spaltungen unter den Vierhundert. Festungsbau im Peiraieus. Gesandtschaft der Oligarchen nach Sparta II 714, 836. Ermordung des Phrynichos II 723, 758, 815, 837. Erhebung der Gemäfsigten im Peiraieus II 716. Juni. Der spartanische Admiral Agesandridas be-

Ol.	v. Chr.	
92,2.	411.	siegt die Athener bei Oropos. Euboia verloren II 717. Juni. Absetzung der Vierhundert II 718. Juli. Die neue Verfassung. Bürgerschaft der 5000. Aufhebung der Besoldungen. Revision der Gesetze durch Nomotheten II 719, 772; Gesandtschaft nach Samos. Alkibiades zurückberufen II 719, 758. Verlust von Oinoe. Antiphon hingerichtet II 721 f., 836. Sommer. Alkibiades unterwirft die karischen Städte. Der spartanische Admiral Mindaros im Bunde mit Pharnabazos wird bei Abydos von Thrasybul besiegt (Juli.) Die Flotte des Agesandridas erleidet Schiffbruch am Athos. Oct. Neuer Sieg der Athener bei Abydos unter Alkibiades II 726 f. Winter. Gefangenschaft des Alkibiades in Sardes II 728. Winter. Thrasyllos kehrt nach Athen zurück und wehrt einen Angriff des Agis ab II 733. Diagoras aus Melos wird geächtet III 59. Febr. Sieg der Athener bei Kyzikos. Rückkehr zur alten Verfassung. Wiedereinführung der Besoldungen II 730 ff., 837. Gesetz des Demophantos II 724, 731. Friedensgesandtschaft der Spartaner von Kleophon abgewiesen II 732.
	410.	Frühjahr. Sundzoll bei Chrysopolis. Thrasyllos nimmt Kolophon und Notion II 733. Hermokrates abgesetzt II 741. Sommer. Thrasyllos, von Tissaphernes bei Ephesos geschlagen, vereinigt sich mit Alkibiades am Bosporos II 734. Euagoras König von Cypern II 753.
92,3.		Sommer. Alkibiades nimmt Chalkedon durch Vertrag mit Pharnabazos, dann Selymbria II 735 f. Feldzüge Hannibal's auf Sicilien II 664, 742.
	409.	Herbst. Byzanz von Alkibiades erstürmt. Unterhandlungen mit Pharnabazos. Thrasybulos unterwirft die thrakischen Städte II 737 f., 837, III 133, 677. Wiedereinführung der Tribute II 835. Pylos von den Spartanern, Nisaia von den Megarensern zurückerobert II 737, III 28. Herbst. Gesandtschaften der Athener und Peloponnesier nach Susa II 741.
92,4.		Frühjahr. Kyros der Jüngere, Statthalter von Kleinasien hält die athenischen Gesandten fest II 742 f., 837. Aristophanes' „Plutos" II 837.
	408.	Juni. Alkibiades kehrt nach Athen zurück und wird zum unbeschränkten Feldherrn ernannt II 738 f., 637. Sept. Prozession der Athener nach Eleusis II 739. Herbst. Lysandros Nauarch II 744 ff., 837 f.

Ol.	v. Chr.	
93,1.	408.	fährt mit 70 Schiffen nach Ephesos, knüpft mit den oligarchischen Parteien und mit Kyros Verbindungen an II 747 f. Alkibiades mit einer Flotte abgesandt. Hauptquartier in Samos. Blokade von Ephesos II 750 f. Rhodos wird Gesammtstaat III 467.
	407.	Der attische Unterfeldherr Antiochos wird in Abwesenheit des Alkibiades von Lysandros bei Notion geschlagen. Anfeindungen des Alkibiades II 751 f.
93,2.		Absetzung des Alkibiades. Konon Feldherr II 752 f.
	406.	Kallikratidas, Lysandros' Nachfolger, bewegt die Ionier zur Theilnahme am Kriege, nimmt Teos und Methymna, schliefst Konon mit der attischen Flotte im Hafen von Mytilene ein II 754 f.
93,3.		Sommer. In Athen wird aus den letzten Mitteln eine neue Flotte von 155 Schiffen ausgerüstet. Sept. Schlacht bei den Arginusen II 756 ff., 830. Spartanische Friedensvorschläge werden in Athen auf Kleophon's Rath zurückgewiesen II 758. Oct. Entsetzung, Anklage und Verurteilung der Feldherrn II 759 ff., 839. Befreiung von Lesbos. Die attische Flotte unthätig bei Samos II 765 f. Gesandtschaft des Kyros und der ionischen Städte nach Sparta II 766. Dec. Lysandros Epistoleus II 766. Euripides stirbt in Pella III 67 f. Brand des Erechtheion's III 532. Sophokles' Tod II 773, III 61, 756.
	405.	Jan. Aristophanes „Frösche" II 774, III 87 f. Frühj. Lysandros in Kleinasien, Stellvertreter des Kyros (Febr.), rüstet mit persischen Geldern eine Flotte aus, stürzt die Demokratie in Milet (März), landet in Aigina und Attika, nimmt Lampsakos II 768.
93,4.		Die attische Flotte unter Konon im Hellespont. Alkibiades' Hülfe zurückgewiesen II 768 f. Aug. Schlacht bei Aigospotamoi. Konon entkommt. Die attische Flottenmannschaft hingerichtet II 769 ff., 839, III 8. Oligarchische Umtriebe in Athen II 772 ff. Einsetzung der Fünfmänner (Ephoren). Amnestiedekret des Patrokleides II 779, 839. Herbst. Lysandros vor dem Peiraieus, die Könige Agis und Pausanias in Attika. Blokade Athen's zu Lande und zu Wasser. Lysandros belagert Samos II 780 f. Attische Gesandte mit Friedensvorschlägen von den Ephoren in Sellasia zurückgewiesen II 781. Herbst. Theramenes als Unterhändler zu Lysandros nach Samos abgeschickt II 792; Hinrichtung des Kleophon (Winter) II 783.

Ol.	v. Chr.	
93,4.		Dareios II stirbt. Artaxerxes II Mnemon (405—359) König von Persien III 16. Reise des Kyros nach Susa, Rückkehr nach Ionien, Eifersucht gegen Tissaphernes III 130, 760.
	404.	Frühjahr. Zweite Gesandtschaft des Theramenes. Berathungen der Peloponnesier in Sparta II 783 f., 840.
		25. April. Annahme der Friedensbedingungen in Athen. Abzug des Feindes II 785, 841. Neue Parteikämpfe in Athen. Agoratos denuncirt die Volksfreunde. Versammlung in Munychia. Verurteilung der Angeklagten. Rückkehr der Verbannten. Kritias unter den Fünfmännern II 740, 786 ff.
		Juni. Lysandros in Athen. Einreifsung der Mauern. Einsetzung der Dreifsig II 790 f., 793, 840 f., III 12, 42.
94,1.		Aufhebung der Volksgerichte in Athen, Beseitigung des Areopags. Zehnmänner im Peiraieus III 13, 754.
		Sept. Lykophron von Pherai besiegt die Larisäer III 338.
		Oct. Spartanische Truppen unter Kallibios besetzen die Burg. Lysandros kommt nach Besiegung von Samos nach Athen III 751, 841.
		Gewaltmafsregeln der Dreifsig. Thrasybulos und Anytos verbannt III 16, 18 ff., 43. Beschränkung der Bürgerschaft auf 3000. Theramenes' Opposition und Hinrichtung III 21 ff.
		Herbst. Alkibiades stirbt III 17 f., 751. Lysandros in Asien.
		Die Spartaner besetzen Herakleia wieder III 338.
	403.	Jan. Phyle wird von attischen Flüchtlingen unter Thrasybul besetzt und siegreich gegen die Truppen der Dreifsig vertheidigt III 29 f.
		Musterung der Truppen in Eleusis und Hinrichtung der Verdächtigen III 30 f.
		Febr. Erneuerung des Kampfes in Munychia. Kritias fällt. Sturz der Dreifsig III 32 f., 42.
		März. Zehnmänner (Dekaduchen) in Athen. Die Dreifsig in Eleusis III 33.
		April. Lysandros mit einem spartanischen Heere bei Eleusis III 36.
		Mai. König Pausanias wird dem Lysandros zur Vermittelung nachgeschickt III 37.
		Juni. Gefecht zwischen Pausanias und den Anhängern Thrasybul's im Peiraieus III 38.
94,2.		Juli. Aug. Friedensverhandlungen zwischen den Parteien unter Pausanias' Vermittelung. Versöhnungsvertrag, Rückkehr der Verbannten. Amnestie. Abzug der Spartaner III 39.
		21. Sept. Thrasybul's Einzug in Athen.
		Archontat des Eukleides. Wiederherstellung der Verfassung III 40 ff., 753.

Ol.	v. Chr.	
94,2.		Auszug der Bürgerschaft nach Eleusis. Belagerung und Tödtung der Dreifsig. Unbedingte Amnestie. Besteuerung der Bürger III 43 ff., 109, 758. Gesetze des Archinos. Einsetzung von Syllogeis und Syndikoi. Tisamenos' Antrag auf Revision der solonischen Gesetze. Einsetzung von 500 Nomotheten (Nikomachos) und einer Behörde von Zwanzigmännern III 45 ff., 754. Aristophon beantragt Reinigung der Bürgerschaft. Wiederherstellung des Areopags. Reform der Finanzbehörden, der Urkunden und der Schrift. Aufschreibung und Aufstellung der Gesetze III 45 ff., 751. Lysias' Rede gegen Eratosthenes III 109, 515 f., 758, 794. Lysandros' Entsetzung und Reise nach Libyen III 121 f. Socialer Umschwung in Sparta. Steigende Macht der Ephoren III 124 ff. Unzufriedenheit der Bundesgenossen III 128 f.
94,3.	402.	Kyros' Rüstungen. Spartanische Hülfstruppen unter Cheirisophos III 132 ff.
	401.	März. Kyros' Aufbruch aus Sardes III 134. Xenophon bei Kyros III 497 f. Sophokles' „Oedipus Coloneus" III 61. Frühj. Fehde zwischen Sparta und Elis (401—400). König Agis rückt in Elis ein III 148 f. 761.
94,4.		Sept. Schlacht bei Kunaxa. Kyros fällt III 135. Tissaphernes Herr in Kleinasien III 142 f. Rückzug der Zehntausend unter Xenophon III 137 f., 497, 760.
	400.	März. Ankunft der Zehntausend in Trapezus III 139. Sommer. Elis unterwirft sich Sparta III 150 f., 760 f. Heraklein auf's Neue von den Spartanern besetzt III 152.
95,1.		Herbst. Verrätherische Behandlung der Zehntausend in Byzanz III 140 f.
	399.	Die Zehntausend in Thrakien bei Seuthes III 142. Agis stirbt III 152, 761. Frühjahr. Krieg zwischen Sparta und Persien. Ionischer Krieg (399—397). Thibron wird nach Ionien gegen Tissaphernes geschickt und vereinigt sich mit dem Ueberrest der Zehntausend III 144 f., 760. April. Prozess des Sokrates III 114 f. Xenophon verbannt III 497. Mai. Tod des Sokrates III 116 f., 491. Platon geht auf Reisen III 501.
95,2.		Agesilaos (399—58) König von Sparta III 152 f., 725 f., 761. Der Spartaner Derkyllidas, Thibron's Nachfolger, besetzt Aiolis und schliefst einen Waffenstillstand mit Pharnabazos III 146.

Ol.	v. Chr.	
95,2.		Herbst. Anklage des Andokides. Verfolgung der Aristokraten in Athen III 112. Verschwörung des Kinadon in Sparta III 156. Pharnabazos in Susa III 157. Archelaos wird ermordet. Zehnjährige Wirren in Makedonien III 411, 787.
95,3.	398.	Pharnabazos mit einer persischen Flottenrüstung beauftragt. Konon Feldherr III 159 f., 181, 761 f.
	397.	Konon wird von einer lakedämonischen Flotte im Hafen von Kaunos eingeschlossen (397—395) III 182.
95,4.	396.	Frühjahr. Erneuerung des Kriegs zwischen Sparta und Persien. Athen und Theben verweigern die Heeresfolge. Agesilaos zieht mit Lysandros von Aulis nach Ionien. Waffenstillstand mit Tissaphernes III 161 f., 762. Lysandros nach dem Hellespont geschickt III 163.
96,1.		Sommer. Agesilaos' Feldzug nach den hellespontischen Küstenländern III 164. Winter. Rüstungen des Agesilaos in Ephesos III 164, 762.
	395.	Konon, durch Pharnabazos aus der Blokade befreit, gewinnt Einfluss auf Rhodos III 182 f. Frühjahr. Agesilaos' Zug nach Lydien und Sieg am Paktolos III 165.
96,2.		Sommer. Tissaphernes hingerichtet III 165, 762; sein Nachfolger Tithraustes schliefst Waffenstillstand mit Agesilaos und schickt den Timokrates mit Subsidiengeldern nach Athen, Theben, Korinth und Argos III 168, 170. Wiedereinführung der Besoldungen und Festgelder in Athen durch Agyrrhios III 213, 488, 767. Korinthischer Krieg (395—387). Gränzstreitigkeit zwischen den opuntischen Lokrern und den Phokeern. Bund zwischen Athen und Theben gegen Sparta III 170 f. Herbst. Thrasybul geht mit einer Hülfsschaar nach Theben III 171. Lysandros bei Haliartos besiegt und getödtet III 172, 763. Pausanias schliefst einen Waffenstillstand, räumt Böotien und wird abgesetzt III 174 f. Der unmündige Agesipolis (395—380) folgt Aristodemos Vormund III 179. Korinthischer Bund. Korinth, Argos, Thessalien und andere Staaten schliefsen sich Athen und Theben an III 175. Die Larisäer im Streit mit Lykophron von Pherai werden von den Thebanern und Argivern unterstützt, vertreiben die Spartaner aus Pharsalos und Herakleia III 175 f., 339, 780.

Ol.	v. Chr.	
96,2.		Wiederaufbau des Athenatempels in Tegea durch Skopas III 534 f.
	394.	Frühj. Agesilaos aus Asien zurückgerufen III 176.
		Juli. Agesilaos lässt griechische Truppen in Asien zurück und überschreitet mit ionischen Kontingenten den Hellespont III 177.
		Spaltungen innerhalb des korinthischen Bundes III 178.
		Treffen bei Oinoe. Sieg der Spartaner unter Aristodemos bei Nemea III 179, 764.
96,3.		August. Sieg des Konon bei Knidos über den spartanischen Admiral Peisandros III 183, 764.
		Agesilaos rückt in Böotien ein (14. Aug.). Schlacht bei Koroneia III 180 f., 498, 764.
		Abfall der ionischen Städte von Sparta III 183, 765.
		Euagoras im Bund mit Athen und Aegypten unterwirft sich ganz Cypern und geräth in Kampf mit Persien. Cyprischer Krieg (394—388) III 209 ff., 218.
		Herbst. Agesilaos' Heimkehr nach Sparta III 183, 765.
	393.	Winter. Ehrendekret der Athener für Dionysios von Syrakus auf Antrag des Dichters Kinesias III 531 f., 795.
		Frühjahr. Konon gewinnt mit der persisch-phönikischen Flotte die Cykladen, besetzt Kythera und kommt nach Athen. Wiederaufbau der Mauern III 183 f., 215, 764 f. Gesandtschaft der Athener nach Syrakus III 216.
96,4.		Aristophanes' „Ekklesiazusen" III 214.
		Leukon, Fürst am Bosporos (393—53) III 483, 551.
	392.	Frühj. Mordscenen und Sturz der Aristokratie in Korinth. Enger Anschluss der Demokraten an Argos III 185 f.
		Tiribazos, Nachfolger des Tithraustes in Sardes III 193.
		Sommer. Aristokraten in Korinth im Bund mit den Spartanern. Sieg derselben zwischen den Mauern III 186.
97,1.		Gesandtschaft der Spartaner unter Antalkidas und der Athener unter Konon nach Sardes. Tiribazos nimmt Konon gefangen und reist nach Susa III 193 ff., 765.
	391.	Winter. Frühjahr. Der Athener Iphikrates brandschatzt Sikyon und Phlius und stellt die Isthmosmauern wieder her III 187, 234, 765.
		Einführung von Söldnerschaaren und Umgestaltung des attischen Heerwesens durch Iphikrates III 220 ff., 768, 301.
		Frühj. Struthas, Statthalter in Sardes. Der Spartaner Thibron gegen die Perser nach Kl. Asien geschickt wird von Struthas überfallen und mit seinem ganzen Heere getödtet III 196, 203.
		Agesilaos und Teleutias zerstören die Isthmosmauern und nehmen Lechaion III 187, 197, 765.

Ol.	v. Chr.	
97,2.		Der spartanische Feldherr Ekdikos wird mit einem Heere gegen Rhodos ausgeschickt III 197, 766. Herbst. Andokides Gesandtschaft nach Sparta und Friedensrede in Athen III 198 f., 766.
	390.	Teleutias kreuzt im ägäischen Meere, nimmt Samos und 10 attische Schiffe III 201. Frühj. Thrasybul mit einer Flotte in den thrakischen Gewässern, nimmt Byzanz, Chalkedon und Lesbos III 201. Sommer. Agesilaos besetzt die Halbinsel Peiraion. Friedensgesandtschaft der Thebaner III 188 f. Iphikrates vernichtet 600 Spartaner bei Sikyon. Heimkehr des Agesilaos III 189, 765. Kampf zwischen Achaja und Akarnanien III 190. Aischines geboren III 607, 803.
	389.	Frühj. Agesilaos zieht den Achäern, welche Kalydon besetzt haben, gegen die Akarnanen zu Hülfe III 190. Thrasybul brandschatzt die Küste von Karien und wird bei Aspendos erschlagen. Sein Nachfolger Agyrrhios zieht nach Rhodos III 201 f. Aussendung einer attischen Flotte unter Aristophanes nach Cypern III 219.
97,4.		Beutezug des Agesilaos bei den Akarnanen. Anschluss derselben an die spartanische Bundesgenossenschaft III 191. Agesipolis verwüstet Argolis. Sieg der Argiver und Athener bei Oinoe III 191 f. Der Spartaner Anaxibios von Iphikrates bei Abydos besiegt und getödtet III 202. Konon stirbt in Cypern III 218. Amyntas III König von Makedonien (389—83; 381—69) III 235, 412, 787.
	388.	Kampf der Athener unter Chabrias und der Spartaner um Aigina. Teleutias überfällt den Peiraieus III 202 f., 766. Antalkidas Seefeldherr, verhandelt mit Persien und beherrscht mit 80 Schiffen das Meer III 203 f.
98,1.		Juli. Lysias' Rede in Olympia III 218, 225 f., 768. Chabrias unterstützt Euagoras durch Siege auf Cypern. Euagoras gewinnt Tyros und Cilicien III 205, 211, 219.
	387.	Gesandte der Griechen in Sardes bei Tiribazos III 204.
98,2.		Friede des Antalkidas III 205 ff., 219 f., 225, 766, 768. Congress in Sparta. Theben mit Verzicht auf Böotien, Argos mit Verzicht auf Korinth zum Beitritt gezwungen. Die ionischen Städte in Persiens Gewalt III 206 ff., 766.
	386.	

Ol.	v. Chr.	
	385.	Krieg zwischen Sparta und Mantineia III 231, 768.
98,4.		Euagoras von Tiribazos besiegt und Persien unterworfen III 211 f.
		Mantineia von Agesipolis genommen und in Dorfgemeinden aufgelöst III 232, 319, 768.
	384.	Zug der Spartaner nach Epeiros gegen die Illyrier III 249, 769.
	383.	Die verbannten Aristokraten aus Phlius werden von Sparta zurückgeführt III 234, 768.
		Frühj. Krieg Sparta's gegen Olynth (383—379). Eine Gesandtschaft der thrakischen Städte bittet in Sparta um Hülfe gegen Olynth III 235 f. Olynth mit Athen und Theben verbündet III 546. Rüstung im Peloponnes, Reform des Heerwesens III 238 f., 769.
		Der Spartaner Eudamidas nach Thrakien ausgeschickt III 239.
		Demosthenes wird geboren III 552, 797.
99,2.		Phoibidas besetzt die Kadmeia im Bunde mit den thebanischen Aristokraten. Ismenias verhaftet und hingerichtet III 240 f., 244, 250, 769. Phoibidas wird abgesetzt; drei Harmosten nach Theben geschickt III 242 f.
		Flucht der thebanischen Demokraten nach Athen III 262, 772.
	382.	
99,3.		
	381.	Teleutias, dem Eudamidas nachgeschickt, fällt vor Olynth III 248, 769.
		Agesipolis mit einem grofsen Heere gegen Olynth geschickt III 245.
99,4.		
	380.	Phlius von Agesilaos belagert III 247, 769.
100,1.		Sommer. Agesipolis stirbt vor Olynth III 769. Kleombrotos I folgt (380—71) III 273 f.
	379.	
100,2.		Fall von Olynth III 248, 412, 769.
		Spätsommer. Uebergabe von Phlius III 217 f., 769.
		Dec. Ermordung der thebanischen Oligarchen unter Pelopidas. Befreiung Thebens. Ernennung von Böotarchen III 264 ff., 269, 772. Die attischen Feldherrn Chabrias und Demophon unterstützen die Thebaner. Capitulation der Kadmeia III 266 f. 447. Thebens Ansprüche auf ganz Böotien III 264 f., 773. Epameinondas stiftet die heilige Schaar III 271 f., 773. Verurteilung der attischen Feldherrn III 272.
	438.	Jan. Kleombrotos' Feldzug nach Böotien. III 274. Sphodrias, mit einer spartanischen Besatzung in Thespiai zurückgelassen, unternimmt einen vergeblichen Handstreich gegen Athen III

Ol.	v. Chr.	
	378.	274, 279 ff., 447, 773. Herrschaft der thebanischen Partei und Kriegsrüstungen in Athen III 277.
100,3.		Sommer. Zweiter böotischer Feldzug der Spartaner unter Agesilaos. Vergebliche Angriffe auf Theben. Attisches Hülfsheer unter Chabrias. Phoibidas, Kriegsvogt in Thespiai wird von den Thebanern getödtet III 278. Archontat des Nausinikos in Athen. Neue Schatzung. Steuervereine. Symmorien. Verbesserung der Flotte und der Befestigungen. Neuer Seebund mit Beiträgen der Bundesgenossen. Theben tritt bei. Bundesflotte unter Chabrias, Timotheos, Kallistratos III 280 ff., 448 ff., 774, 790.
	377.	Dritter Feldzug der Spartaner unter Agesilaos III 279, 284.
		Maussollos Herrscher von Karien. Halikarnass wird Residenz III 466.
100,4.		Euboia tritt dem attisch-böotischen Seebunde bei III 589.
	376.	Vierter Feldzug der Spartaner unter Kleombrotos III, 279.
101,1.		Eine spartanische Flotte unter Pollis blokirt den Peiraieus III 283.
		9. Sept. Sieg der Athener bei Naxos III 283, 450.
		Demosthenes' Vater stirbt. Vormundschaft (376 —366) III 554.
	375.	Frühjahr. Timotheos verheert die lakonischen Küsten und gewinnt die ionischen Inseln für den attischen Seebund III 285.
		27. Juni. Timotheos besiegt die Spartaner bei Alyzia III 285 f., 774.
101,2.		
	374.	Friede zwischen Athen und Sparta. Theben tritt nachträglich bei III 286, 774 f.
		Angriffe der Spartaner auf Zakynthos und auf Kerkyra, dem Athen Hülfe schickt III 288 f.
		Pelopidas siegt über die Spartaner bei Tegyra III 290.
101,3.		Plataiai von den Thebanern zerstört III 290.
		Einigung Böotiens unter Theben's Hegemonie III 290, 294, 454. Verhandlungen mit Jason von Pherai. Jason von Pherai wird Oberfeldherr (Tagos) von Thessalien und nimmt Pharsalos III 340 ff., 780.
	373.	Sommer. Timotheos, nach Kerkyra ausgesandt, gewinnt Jason von Pherai und Amyntas für den attischen Bund und kreuzt im ägäischen Meere III 291, 775.
		Blutige Parteikämpfe in Phigaleia, Korinth, Phlius III 315, 777.
101,4.		Erdbeben im Peloponnes III 316 f.

Ol.	v. Chr.	
101,4.		Nov. Timotheos wird abgesetzt und nimmt Dienste bei den Persern III 293, 453, 775.
	372.	Frühj. Iphikrates, Thimotheos' Nachfolger, entsetzt Kerkyra und nimmt 9 sicilische Schiffe III 293, 775.
	371.	Epameinondas Böotarch. Krieg Theben's gegen Phokis. Kleombrotos zieht den Phokeern zu Hülfe III 290, 300, 776.
		Juni. Friedenskongress zu Sparta. Unterzeichnung des Vertrags (16. Juni). Ausschliefsung von Theben und Kriegsbeschluss gegen dasselbe III 294 ff., 454, 775 f.
102,2.		6. Juli. Schlacht bei Leuktra. Kleombrotos fällt. Agesipolis II (371—370) folgt. Iason von Pherai im Bund mit Theben vermittelt den Abzug des spartanischen Heeres III 303 ff., 342, 776. Thespiai und Orchomenos bezwungen. Die mittelgriechischen Staaten, auch Euboia und das delphische Orakel schliefsen sich Theben an III 311 f.
		Aufforderung an die Messenier zur Rückkehr III 313 f.
	370.	Iason von Pherai überfällt Hyampolis und zerstört Herakleia III 342 f., 780.
102,3.		Greuelscenen (Skytalismos) in Argos III 316, 777. Verhandlungen zwischen Athen und den peloponnesischen Staaten zur Ueberwachung des Friedens III 317 f., 455.
		Wiederaufbau von Mantineia III 319 f., 639, 777. Gründung von Megalopolis. Arkadien Einheitsstaat im Bund mit Theben III 321 ff., 778.
		Sparta besetzt Orchomenos und befestigt Heraia III 323 f.
		Parteikämpfe in Tegea III 325.
		Sommer. Iason von Pherai ermordet auf dem Wege nach Delphi III 345, 388, 412, 781.
		Spätherbst. Agesilaos' Zug nach Arkadien III 326, 778.
		Winter. Erster Feldzug der Thebaner in den Peloponnes unter Epameinondas und Pelopidas III 327.
	369.	Winter. Epameinondas bedroht Sparta, das Agesilaos rettet, nimmt Gytheion und geht nach Messenien III 326 ff., 779.
		Wiederherstellung Messeniens. Bau von Messene III 330 ff., 351, 779.
		Bund zwischen Sparta und Athen. Iphikrates besetzt den Isthmos III 333, 455.
		Frühj. Epameinondas kehrt heim durch attisches Gebiet III 333 f.
		Alexandros II, K. von Makedonien (369—68) III 411. Die Arkader nehmen Pellana. Die Argiver greifen Phlius an III 335.

Ol.	v. Chr.	
	369.	Sparta von Megara, Korinth, Epidauros, Syrakus u. A. unterstützt III 335.
102,4.		Sommer. Zweiter Feldzug der Thebauer in den Peloponnes. Epameinondas erzwingt den Durchgang durch die Isthmuspässe, gewinnt Sikyon, macht vergebliche Angriffe auf Pellene, Epidauros und Korinth III 336 f., 779.
		Herbst. Epameinondas kehrt heim und wird abgesetzt III 337.
		Alexandros, Tyrann von Pherai. Die Aleuaden rufen gegen ihn Alexandros II von Makedonien zu Hülfe, der Larissa und Krannon besetzt III 435, 781.
		Pelopidas' Zug nach Thessalien und Makedonien. Befreiung von Larissa. Schlichtung der Thronstreitigkeiten in Makedonien. Pelopidas gefangen. Bund zwischen Athen und Alexandros von Pherai III 345 ff., 412, 781.
		Lykomedes Demagog in Arkadien. Verstimmung gegen Theben. Streit zwischen Arkadien und Elis III 349.
	368.	Hülfszug der Thebauer nach Thessalien unter Kleomenes III 347.
		Philiskos, von Ariobarzanes abgesandt, leitet in Delphi Friedensunterhandlungen ein; Sparta erhält persische Hülfstruppen III 350, 457.
		Die Spartaner nehmen Karyai und besiegen die Arkader und Argiver III 351, 781.
		Eudoxos Arzt, Philosoph, Astronom, gründet eine Schule in Knidos III 525.
103,1.		Der Messenier Damiskos siegt in Olympia III 360.
		Epameinondas wieder Feldherr zieht nach Thessalien, befreit Pelopidas und schliefst Waffenstillstand mit Alexandros III 347 f., 415.
		Gesandtschaft der Thebauer und der anderen Griechen nach Susa. Autonomie Messeniens anerkannt. Athen unter persischen Schutz gestellt. III 352 ff., 457.
		Ptolemaios, K. von Makedonien (368—65). Philippos als Geifsel in Theben III 413, 415, 787.
		Iphikrates bekämpft Amphipolis (368—65) III 421, 452 und unterstützt die Königin Eurydike von Makedonien III 413.
	367.	Staatenkongress in Theben III 355.
103,2.		Dritter Zug des Epameinondas in den Peloponnes. Demokratie in Sikyon hergestellt III 356 f., 781 f.
		Timotheos wieder Feldherr, unterstützt den aufständischen Ariobarzanes III 457, 791.
		Dionysios II Tyrann von Syrakus (367—357). Platon in Syrakus III 525, 548.
	366.	Theben gewinnt Oropos und Euboia III 358, 590.

Ol.	v. Chr.	
	366.	Athen mit Sparta verfeindet macht einen Anschlag auf Korinth und verbündet sich mit Arkadien III 358 f., 458,752. Anklage und Rechtfertigung des Kallistratos III 458. Lykomedes stirbt III 362, 459.
103,3.		Separatfrieden zwischen Korinth, Phlius und Theben III 358 f. Demosthenes mündig, in der Lehre bei Isaios III 535.
	365.	Ausbruch des Krieges zwischen Arkadien und Elis. Bund zwischen Elis und Sparta. Die Arkader bedrohen Olympia III 359, 639, 752. Timotheos erobert nach zehnmonatlicher Belagerung Samos, welches mit attischen Kleruchen besetzt wird, und nimmt Sestos und Krithote III 457, 466. 580, 583.
103,4.		Zug der Spartauer unter Archidamos gegen Arkadien III 360. Perdikkas III K. von Makedonien (365—59) III 414, 596.
	364.	Timotheos nimmt Methone, Pydna, Potidaia III 458; und bedrängt Olynth III 596.
104,1.		Juli. Die Arkader leiten die olympischen Spiele, schlagen die eindringenden Eleer zurück und nehmen die Tempelschätze. Aristokratische Reaktion in Mantineia, Spaltung der Arkader III 361 f. Sommer. Pelopidas siegt und fällt bei Pharsalos III 366, 782. Demosthenes' Prozess gegen seine Vormünder (364—361). Erzwungene Trierarchie. Reden gegen Aphobos III 556 ff., 795.
	363.	Theben gründet eine Seemacht. Anschluss an Rhodos, Chios und Byzanz. Epameinondas fährt durch das ägäische Meer III 365 f.
104,2.		Friedenskongress der Arkader in Tegea. Verunglückter Ueberfall desselben durch die mit den thebanischen Truppen verbündeten Demokraten III 363 f., 782. Bund zwischen Mantineia, Sparta und Athen gegen Theben. Gegenbund zwischen Theben Megalopolis und Messenien III 367 f., 458, 783. Klearchos Tyrann in Herakleia am Pontos (363 bis 352) III 547.
	362.	Frühj. Vierter peloponnesischer Zug des Epameinondas. Agesilaos und Epameinondas vor Tegea III 368. Juni. Epameinondas in Sparta III 369. Rückkehr nach Mantineia. Reitergefecht mit den Athenern unter Hegesilaos III 371. 3. Juli. Schlacht bei Mantineia. Epameinondas fällt III 372 ff., 783.
104,3.		Die Athener kämpfen unglücklich mit Alexandros von Pherai und mit Kotys in Thrakien III 460.

Ol.	v. Chr.	
104,3.		Kallisthenes' Vergleich mit Perdikkas und Verurteilung III 460, 596. Autokles wird gegen Kotys abgeschickt III 463.
	361.	Alexandros von Pherai schlägt ein attisches Geschwader unter Leosthenes bei Peparethos und plündert den Peiraieus III 460, 569. Sturz und Flucht des Kallistratos. Sieg der böotischen Partei unter Aristophon III 460f., 791.
104,4.		Chares unterstützt die Oligarchen in Kerkyra; Lösung des Bundes mit Athen III 463.
	360.	Die Athener gründen Kreuides in Thrakien III 425. Der attische Feldherr Timomachos richtet nichts aus gegen Kotys; Sestos und der ganze Chersones verloren III 463, 580, 791.
105,1.		Vergeblicher Angriff des Timotheos auf Amphipolis III 463, 791.
	359.	Frühj. Kotys ermordet. Sein Sohn Kersobleptes erlangt die Herrschaft mit Hülfe des Charidemos III 463, 484. Philippos II, König von Makedonien (359 — 336). Glückliche Bekämpfung der Kronprätendenten Archelaos, Pausanias und Argaios III 415 ff. Reform des makedonischen Heerwesens III 418 ff. Alexandros von Pherai wird ermordet; seine Nachfolger Lykophron und Peitholaos im Kampfe gegen die Aleuaden III 431.
105,2.		Philippos besiegt Argaios und schliefst Frieden mit Athen III 416, 422, 757. Der attische Feldherr Kephisodotos wird im Hellespont von Charidemos geschlagen III 463, 580, 791. Demosthenes Trierarch III 565, 799. Artaxerxes III, Ochos, König von Persien (359 — 338) III 570, 799.
	358.	Die Päonier und Illyrier von Philipp besiegt III 417.
105,3.		Agesilaos stirbt. Archidamos III (358—338) folgt III 725, 761.
	357.	Timotheos vertreibt die Thebaner aus Euboia. Anschluss desselben an den attischen Seebund III 464, 590. Chares nach dem Hellespont geschickt. Kersobleptes tritt den Chersonnes bis auf Kardia an Athen ab III 465, 484, 670. Philipp erobert Amphipolis III 422f., 485, 575, 759f., 800. Beginn des Kriegs zwischen Athen und Philipp (357—346).
105,4.		Ausbruch des Bundesgenossenkriegs (457 —455). Chios, Kos, Rhodos, Byzanz fallen von Athen ab. Maussollos schliefst sich an III 465 f., 791 f. Trierarchische Symmorien durch das Gesetz des Periandros eingeführt III 468, 570, 689.

Ol.	v. Chr.	
105,1.		Zwei attische Flotten ausgerüstet, die eine unter Chares, die andere unter Iphikrates, Menestheus, Timotheus. Chares wird bei Chios geschlagen. Chabrias fällt III 469.
		Philipp erobert Pydna und schliefst einen Bund mit Olynth III 423, 440.
	3.56.	Die attischen Flotten entsetzen Samos. Zweite Niederlage des Chares bei Chios. Seine Mitfeldherrn abberufen III 469, 792.
		Chares tritt in den Sold des aufständischen Satrapen Artabazos. Beschwerde des Perserkönigs über Chares III 470, 483, 570, 792.
106,1.		Philipp siegt in Olympia III 428.
		Sommer. Oeffentliches Auftreten des Demosthenes. Androtion's Antrag III 565f., 584, 799.
		Philipp erobert Potidaia III 424.
		Philipp gründet Philippi und bemächtigt sich der thrakischen Bergwerke III 425f., 788.
	355.	Ende des Bundesgenossenkriegs und des attischen Seebundes. Freigebung der Bundesgenossen. Aristophon durch Eubulos verdrängt III 470, 487, 575. Anklage der Feldherrn. Timotheos zu einer Geldbufse verurteilt III 471, 792.
		[Xenophon's] Schrift von den Einkünften III 612, 806.
		Kyprothemis, Tyrann von Samos; Kammys von Mytilene III 470, 483. Parteikämpfe auf Chios. Kos und Rhodos unter Maussollos III 485, 571, 583.
		Isokrates' Friedensrede III 511.
		Die Phokeer beginnen den zweiten heiligen Krieg (355—346). Onomarchos und Philomelos Feldherrn III 434, 576, 789.
		Philomelos besetzt Delphi. Plünderung der Tempelschätze III 435, 788f.
106,2.		Herbst. Die Amphiktyonen beschliesen in Thermopylai den Krieg gegen Phokis; Theben im Bund mit Thessalien III 435, 627, 789.
	354.	Demosthenes' Rede wider Leptines III 566f., 584, 799.
106,3.		Eubulos Leiter der attischen Politik (354—339), Finanzvorsteher (354—350). Umgestaltung der Finanzbehörden. Vermehrung der Festgelder III 487f., 583 ff., 691, 731, 793, 811.
		Rüstungen der Perser. Demosthenes gegen den Perserkrieg. Rede von den Symmorien III 570 ff., 800.
		Philomelos wird im Kephisosthale geschlagen und fällt. Onomarchos und Phayllos führen die Phokeer III 436f.
	353.	Die Thebaner schicken Pammenes nach Asien zur Unterstützung des Artabazos III 437. Philipp nimmt Abdera und Maroneia, und unterhandelt mit Kersobleptes. Chares schlägt makedonische Truppen am Hebros III 580.

Ol.	v. Chr.	
106,4.		Timokrates' Gesetz über die Staatsschuldner. Rede des Demosthenes wider Timokrates III 567 f., 799. Chares erobert Sestos. Attische Kleruchen dorthin III 580, 670, 800. Onomarchos besetzt Thermopylai, verheert das Gebiet der Lokrer und Dorier. Zug der Phokeer nach Thessalien zur Unterstützung der Tyrannen von Pherai III 437. Onomarchos besiegt Philipp in Thessalien III 438. Philipp erobert Methone III 426, 789.
	352.	Die Phokeer besetzen Koroneia III 438. Die Spartaner bedrohen Messene und Megalopolis. Bund zwischen Athen und Messene. Demosthenes' Rede für die Megalopoliten III 576 ff., 584, 639, 649, 800. Frühjahr. Onomarchos wird von Philipp in Thessalien geschlagen und fällt. Vertreibung der Tyrannen von Pherai. Philipp nimmt Pagasai und Magnesia. Die Athener besetzen die Thermopylen III 438 ff., 579, 625, 789 f.
107,1.		Olynth schliefst Frieden mit Athen III 442, 597. Demosthenes' Rede gegen Aristokrates III 581, 585. Phayllos zieht gegen die Lokrer und stirbt. Phalaikos sein Nachfolger III 439, 625. Herbst. Philipp unterwirft die thrakischen Häuptlinge, schliefst Verträge mit Kardia, Byzanz, Perinthos III 440 ff.; zwingt Kersobleptes zur Unterwerfung III 582 und bedroht Olynth III 441 f, 598, 670.
	351.	Frübj. Erste philippische Rede des Demosthenes. Kriegspolitik gegen Makedonien, Opposition gegen die Partei des Eubulos III 585 ff., 729 ff., 801 f. Philipp gewinnt Einfluss auf Euboia und unterstützt den Tyrannen Kallias in Chalkis III 590, 680. Zug der Thebaner in den Peloponnes. Waffenstillstand mit Sparta III 579.
107,2.		Maussollos stirbt. Artemisia folgt (351—49). Theopomp's panegyrische Rede bei seiner Todtenfeier III 520, 583, 770, 791, 801. Leochares, Bryaxis, Skopas, Timotheos arbeiten am Maussolleion III 540. Hülfsgesuch der Rhodier in Athen. Demosthenes' Rede für dieselben III 583, 801. Plutarchos, Tyrann von Eretria, wendet sich um Hülfe gegen Kleitarchos nach Athen. Demosthenes' Widerspruch III 590, 680.
	350.	Febr. Zug der Athener nach Euboia unter Phokion. Schlacht bei Tamynai III 590 f., 607, 801 f., 664 f., 680. März. Demosthenes Choreg, wird von Meidias gekränkt III 593 f., 802.

Ol.	v. Chr.	
107,3.	350.	Sommer. Phokion kehrt nach Athen zurück. Euboia verloren III 592, 802. Aphobetos Finanzvorsteher (350—46) III 691, 811. Apollodoros von Stephanos angeklagt und verurteilt. Gesetz des Eubulos über die Verwendung der Theorika III 489, 593, 692 f.
107,4.	349.	Olynthischer Krieg (349—48). Die Olynthier bitten in Athen um Hülfe gegen Philipp, welcher die Stadt bekriegt III 442, 595 f. Demosthenes' erste und zweite olynthische Rede III 600 ff., 803. Abschluss eines Bundes zwischen Olynth und Athen. Chares wird mit 38 Schiffen abgesandt (erste Sendung) III 603, 803. Philipp's Feldzug in Thessalien III 604. Zweite Hülfsgesandtschaft der Olynthier in Athen: Charidemos vom Hellespont nach Olynth geschickt (zweite Sendung) III 604. Dritte olynthische Rede des Demosthenes III 601 f.
	348.	Philipp nimmt die Bundesstädte der Olynthier. Drittes Hülfsgesuch derselben. Chares wird mit einem attischen Bürgerheer abgesandt (dritte Sendung) III 604.
108,1.		Sommer. Fall von Olynth. Verödung der Chalkidike. Philipp's Siegesfest in Dion III 605, 659, 735, 803. Rüstungen in Athen. Eubulos' Kriegseifer von Aischines unterstützt III 608 f. Phrynon und Ktesiphon als Gesandte bei Philipp III 609. Beiderseitige Friedenswünsche. Antrag des Philokrates von Demosthenes unterstützt III 610 f.
108,2.	347.	Jährliche Bewilligung von 10 Talenten für den Bau des attischen Arsenals. Verbesserung der Kriegshäfen III 617, 692, 807. Timarchos beantragt Todesstrafe gegen alle, welche Philipp Waffen oder Schiffe zukommen lassen III 650. Mytilene im Bund mit Athen III 615, 804.
	346.	Eine attische Flotte unter Proxenos wird den Phokeern zu Hülfe gesandt, aber zurückgewiesen. Archidamos mit einem spartanischen Heere in Phokis III 625 f., 725. Febr. Friedensgesandtschaft der Athener an Philipp unter Philokrates, Aischines, Demosthenes III 614 ff. April. Makedonische Gesandtschaft (Eurylochos, Antipatros, Parmenion) in Athen III 613. 15—16. April. Verhandlungen in der Bürgerschaft. Demosthenes für Einschluss der Bundesgenossen in den Frieden; dagegen Philokrates, Aischines, Eubulos. Annahme des Friedens in Athen

3*

Ol.	v. Chr.	
	346.	auf Grundlage des status quo III 614 ff., 804. Ausschluss der Phokeer III 617, 622 f., 626. **Frühj.** Philipp nimmt mehrere Städte in Thrakien und schliefst Frieden mit Kersobleptes III 615 f., 621, 636. **April.** In Athen werden 11 Gesandte gewählt zur Ratification des Friedens. Demosthenes verlangt schleunige Abreise III 618. **Ende Juni. Ratification des Friedens in Pella.** Philipp begleitet die attischen Gesandten nach Thessalien. Vereidigung der thessalischen Städte in Pherai III 619 ff., 804. Abzug der Spartaner aus Phokis III 626, 640. **Juli.** Rückkehr der Gesandten nach Athen, Bericht vor Rath und Bürgerschaft; Brief Philipps, in dem er zur Theilnahme am phokischen Kriege auffordert. Bund mit Philipp und dessen Nachfolgern. Philipp vor den Thermopylen III 621 f., 636 f., 804 f. Demosthenes und Timarchos klagen Aischines wegen der Truggesandtschaft an III 651 f., 732.
108,3.		Antrag des Demophilos auf Prüfung der attischen Bürgerlisten III 647. **17. Juli.** Phalaikos capitulirt und erhält freien Abzug III 626 f. Philipp dringt durch die Thermopylen und besetzt im Bunde mit den Thessaliern und Thebaeern Phokis III 626 f. Eine neue Gesandtschaft von Athen an Philipp abgesandt, kehrt unverrichteter Sache zurück III 630. Philipp in Delphi. Wiedereinsetzung der delphischen Tempelbehörden. Berufung der Amphiktyonen mit Ausschluss der Phokeer, Spartaner und Korinther. Reform des Amphiktyonenbundes. Philipp Mitglied III 627 ff., 742, 805. **Ende des phokischen Krieges.** Strafgericht über die Phokeer III 629 f., 724. **August.** Brief Philipp's an die Athener zur Beschwichtigung, Entlassung der Gefangenen III 631. Isokrates' Rede an Philippos III 643 f., 734, 806. Feier der Pythien in Delphi unter Philipp's Vorsitz. Ring- und Faustkampf von Knaben eingeführt. Attische Gesandtschaft bei Philipp III 632, 636, 805. Eine delphische Gesandtschaft wird auf Philipp's Vorschlag nach Athen gesandt, um Anerkennung der Amphiktyonenreform zu fordern. Demosthenes für Aufrechterhaltung des Friedens III 633 ff., 646, 706, 806. **Herbst.** Philipp kehrt nach Makedonien zurück III 635.
	345.	Drei Friedensparteien in Athen unter Eubulos, Isokrates und Aischines III 641 ff., 734 f. Die Kriegspartei geleitet von Demosthenes, Hegesippos, Lykurgos, Hypereides III 648 ff., 729 ff., 736 ff. Bildung einer Nationalpartei in Theben III 691, 706.

Ol.	v. Chr.	
	345.	Aischines' Rede wider Timarchos. Verurteilung des Timarchos III 652.
	344.	Philipp setzt in Thessalien makedonische Dekadarchien ein und besetzt die Burg von Pherai III 638, 639, 741, 806. Einmischung Philipp's in die peloponnesischen Verhältnisse III 638 f. Demosthenes' erste Gesandtschaft in den Peloponnes; Reden in Argos und Messene III 659, 693. Antiphon wird wegen des Versuchs, die Schiffshäuser anzuzünden, hingerichtet III 653, 807.
109,1.		Bürgerkrieg in Elis. Die Aristokraten im Bunde mit Arkadien, die Volkspartei mit den phokischen Söldnern III 639. Gesandte Philipp's und der makedonischen Parteigänger im Peloponnes gehen nach Athen. Demosthenes' zweite philippische Rede. Beruhigung der peloponnesischen Verhältnisse III 660 ff., 707, 803.
	343.	Viertausend phokische Söldner in Elis hingerichtet. Philipp Schutzherr von Elis, Messene, Megalopolis und Argos III 639 f., 725, 806 und im Bund mit den Aristokraten von Megara III 640. Anschluss Megara's an Athen III 662. Hypereides' Meldeklage gegen Philokrates III 653. Die Delier, von Euthykrates überredet, beanspruchen Unabhängigkeit von Athen und Entscheidung durch die delphischen Amphiktyonen. Hypereides' delische Rede, Bestätigung des Rechtes der Athener III 654 f., 701. Philipp sendet Python nach Athen zur Versicherung seiner Friedensliebe. Hegesippos beantragt Revision der Verträge. Vergebliche Gesandtschaft desselben nach Pella III 662 ff., 808. Makedonische Truppen in Euboia. Kleitarchos und Philistides Tyrannen in Eretria und Oreos III 664, 808.
109,2.		Demosthenes erneuert den Gesandtschaftsprozess wider Aischines vor den Logisten. Rede von der „Truggesandtschaft". Aischines freigesprochen III 655 ff., 807. Bund zwischen Athen und Chalkis III 665, 678, 808. Philipp entthront Arybbas, König von Epeiros und setzt seinen Schwager Alexandros an dessen Stelle, bedroht die griechischen Küstenstädte daselbst und verbündet sich mit den Aetolern. Die Athener nehmen Arybbas auf, schicken ein Hülfsheer nach Akarnanien und regen Thessalien auf III 665 f., 808.
	342.	Philipp züchtigt Thessalien und setzt Aleuaden als Vierfürsten ein III 666 f., 809. Brief Philipp's an die Athener, in dem er Halonnesos und Revision der Verträge anbietet. Hegesippos'

Ol.	v. Chr.	
	342.	Rede über Halonnesos. Abweisung von Philipp's Vorschlägen III 667 ff., 809.
		Die Athener schicken neue Kleruchen nach dem Chersonnes unter Diopeithes. Dieser zieht gegen Kardia und in makedonisches Gebiet III 670, 809.
		Frühj. Thrakischer Krieg (342—339). Philipp erscheint mit einem Heere im oberen Thrakien und bekriegt die Bergstämme III 671; sein Sohn Alexandros Regent in Pella III 681 f.
109,3.		Anlage makedonischer Colonien im inneren Thrakien III 682, 810.
	341.	Philipp führt Beschwerde in Athen. Demosthenes' Rede vom Chersonnes und dritte philippische Rede. Die Leitung geht von der Partei des Eubulos an Demosthenes über III 671 ff., 707, 729 ff., 809 f.
		Juni. Der attische Feldherr Kephisophon, welcher bei Skiathos stationirt war, nimmt im Bunde mit Kallias und Taurosthenes aus Chalkis die Stadt Oreos. Philistides fällt III 679.
109,4.		Demosthenes geht nach dem Hellespont und Byzanz. Bund zwischen Athen und Byzanz III 676f., 809.
		Gesandtschaft des Hypereides nach Rhodos und Chios, des Ephialtes nach Susa. Persische Subsidien an Diopeithes und die Führer der Kriegspartei III 677 f., 683, 810.
	340.	Zweite Gesandtschaft des Demosthenes mit Kallias aus Chalkis in den Peloponnes und nach Akarnanien III 678 f.
		März. Nationaler Bund zwischen Athen, Euboia, Megara, Achaja, Korinth, Leukas, Akarnanien, Ambrakia, Kerkyra. Verhandlungen der Abgeordneten in Athen. Matricularbeiträge III 679, 730, 810.
		Anaxinos als Spion hingerichtet III 680.
		Frühj. Befreiung von ganz Euboia. Phokion nimmt Eretria; Kleitarchos fällt. Hypereides Trierarch III 680, 810.
		Philipp lässt Peparethos verwüsten. Makedonische Schiffe von den Athenern aufgebracht III 680.
		April. Demosthenes mit einem Goldkranz geehrt III 680.
110,1.		Perinthos von Philipp belagert und durch persische Hülfstruppen unter Führung des Atheners Apollodoros und durch Zuzug der Byzantier gerettet III 683, 735, 742, 810.
		Herbst. Belagerung von Byzanz (340—339). Leon Leiter und Vertheidiger der Stadt III 683 ff.
		Beschwerde der Athener wegen Betretung attischen Gebietes und Aufbringung attischer Schiffe. Philipp's Ultimatum. Offene Kriegserklärung der Athener III 681 f., 810.
		Demosthenes' Flottengesetz. Reform der trierarchischen Symmorien. Vermögensschätzung als Mafs-

Ol.	v. Chr.	
110,1.		stab für die Flottenbeiträge. Demosthenes Vorsteher des Seewesens III 689 ff., 693, 811. Erster Hülfszug der Athener, Rhodier, Koer und Chier nach Byzanz. Die makedonische Flotte zum Abzug nach dem Pontos genöthigt III 685.
	339.	Frühj. Zweiter Hülfszug der Athener unter Kephisophon und Phokion III 685 f. März. Amphiktyonenversammlung in Delphi. Die ozolischen Lokrer von Amphissa führen Beschwerde gegen Athen. Aischines als Pylagore beschuldigt die Amphisseer wegen Verletzung des Tempelgebiets. Die Amphiktyonen von den Amphisseern überfallen III 698 ff., 702 f., 811. Dritter heiliger Krieg (339—338). Versammlung der Amphiktyonen in Thermopylai. Athen und Theben bleiben fern. Kottyphos aus Pharsalos mit der Führung des Kriegs gegen die Amphisseer beauftragt III 700, 811. Philipp giebt die Belagerung von Byzanz auf, führt seine Flotte durch den Hellespont und bekämpft den Skythenfürsten Ateas an der Donau III 686, 694, 810.
110,2.		Sommer. Philipp kehrt vom Kampf gegen die Skythen und Triballer heim III 700. Oct. Versammlung der Amphiktyonen in Delphi. Philipp zum Feldherrn im heiligen Krieg ernannt III 701 f., 740 f., 812. Finanzreform des Demosthenes. Aufhebung von Eubulos' Gesetz über die Festgelder. Bildung einer Kriegskasse. Einsetzung von Kriegszahlmeistern. Unterbrechung der Arbeiten am Arsenal III 692, 729 ff., 811. Winter. Philipp besetzt Elateia und bezieht dort die Winterquartiere III 704 f. 812. Bestürzung und Rathlosigkeit in Athen. Demosthenes beantragt Verbindung mit Theben, Ausrüstung des Bürgerheeres, Einsetzung einer Sicherheitsbehörde von Zehnmännern III 706 f., 812.
	338.	Winter. Demosthenes' Reise nach Theben. Verhandlungen daselbst. Die Gesandten Philipp's bieten Theben Neutralität an. Bund zwischen Athen und Theben III 707 f., 812. Die verbündeten Athener und Thebaner senden ein Söldnerheer unter Chares und dem Thebaner Proxenos nach Amphissa. Wiederherstellung von Phokis III 709 f. Winter. Glückliche Gefechte der Verbündeten gegen die Makedonier im Kephisosthale III 711. Frühj. Bekränzung des Demosthenes an den Dionysien III 711. Frühj. Philipp überschreitet die Pässe und schlägt das Söldnerheer bei Amphissa, zerstört diese Stadt, und übergiebt Naupaktos den Aetolern III 713. Sommer. Philipp knüpft Unterhandlungen an III

Ol.	v. Chr.	
	338.	714, 813. Die Friedenspartei unter Phokion von Demosthenes bekämpft III 712, 714 f.
110,3.		Lykurgos Finanzvorsteher. Kallias Kriegszahlmeister III 693, 811, 816.
		Neue Bekränzung des Demosthenes auf Antrag des Hypereides III 715, 813.
		Sommer. Philipp erhält Verstärkungen durch Antipatros, dringt mit seiner Hauptmacht in Böotien ein und verwüstet die Landschaft III 716 f.
		2. Aug. Schlacht bei Chaironeia III 716 f., 738, 813 f.
		Auflösung des böotischen Gesammtstaates. Makedonische Besatzung auf der Kadmeia. Thespiai, Orchomenos, Plataiai wiederhergestellt III 718, 743, 814.
		Allgemeines Aufgebot. Phokion Feldherr. Ausserordentliche Vollmachten des Rathes auf Antrag des Hypereides. Demosthenes sorgt für Ausbesserung der Mauern, Lykurgos für Beschaffung von Geldmitteln. Gesandtschaften an die anderen griechischen Staaten. Demosthenes' Reise im ägäischen Meer III 719 ff.. 734, 744, 814.
		Isokrates stirbt III 509, 734, 815.
		Archidamos' III Zug nach Tarent und Tod im Kampfe gegen die Messapier. Agis II (338 — 330) folgt III 726, 825.
		Philipp schickt Demades nach Athen III 718, 721.
		Aischines, Phokion, Demades gehen als Gesandte der Athener zu Philipp III 722 f., 814.
		Friede des Demades III 722 ff., 739, 814.
		Herbst. Philipp's Zug in den Peloponnes. Friede mit Korinth, Achaja, Megara's Bund mit Argos, Messene, Arkadien III 724 f., 739, 814.
		Verwüstung von Lakonien und Verkleinerung des spartanischen Staates. Erweiterung des Gebiets von Messenien, Argos, Tegea, Arkadien III 726, 740 f., 815.
		Nov. Demosthenes' Grabrede auf die gefallenen Athener III 724, 814, 816.
		Winter. Hellenische Tagsatzung in Korinth. Ständiger Bundesrath. Krieg gegen Persien beschlossen. König Philipp Bundesfeldherr der Hellenen III 727 f., 740 ff., 744 ff., 815.

REGISTER.

Abai, St. in Phokis I 465.
Abanter, Volksstamm auf Euboia I 110 f.
Abas, spartanischer Wahrsager III 123.
Abdera, St. in Thrakien. Gründung I 568; von den Persern besetzt II 6; und Athen II 359; von K. Philippos genommen III 550.
Abrokomas, persischer Satrap III 135.
Abrouichos, attischer Feldherr II 71.
Abydos, St. in Troas. Gründung I 395, 400, 411, 546; Tyrannis in I 593; von Persien erobert I 612; fällt von Athen ab II 726; Schlachten bei II 727; spartanischer Harmost in III 9; Derkyllidas in III 183, 202; Antalkidas bei III 204.
Achäer. Verbreitung I 52; in Zusammenhang mit Lydien I 53; verwandt mit den Dardanern I 118; im Peloponnes I 51, 57, 108, 125, 163, 185, 195; in Italien I 423 f.; beunruhigen Aegypten I 40; erobern Troas I 117 f. — Colonien der I 441, II 547. — phthiotische Achäer II 66.
Achaemeniden, persisches Herrschergeschlecht I 559, 589, II 59, 670.
Achaios I 82.
Achaios, Dichter aus Eretria III 61.
Achaïs, Stamm von Thurioi II 253.
Achaja, Landschaft im Peloponnes, natürliche Beschaffenheit I 107; Ionier und Achäer in I 108, 238; und Elis I 211, 479; in Feindschaft mit Sparta II 166; im delisch-attischen Bunde II 174; verlässt den attischen Bund II 181; im peloponnesischen Kriege II 366, 385; Missstimmung gegen Sparta III 128; im korinthischen Kriege III 179; im Kriege mit Akarnanien III 190 f.; Schiedsrichter zwischen Sparta und Theben III 112; im Bunde mit Theben III 355 f.; im Bunde mit Mantineia III 365; im heiligen Kriege für Phokis III 435; im Bunde gegen K. Philippos III 679, 710, 716; schliefst Frieden mit Philippos III 721. — Colonien von I 423, 446, II 547.
Acharnai, Demos von Attika II 386, III 29, 34.
Acheloos, Fl. in Achaja I 107.
Acheloos, Fl. in Akarnanien I 8, 92, 93, 106.
Acheron, Fl. in Epirus. Todtenorakel am I 263.
Achilleion, St. in Troas I 113, 346.
Achilleus I 83, 119, 132, II 8; Schild des I 515.
Achradina, Stadttheil von Syrakus II 513, 537, 634.
Adeimantos, attischer Archont II 131.
Adeimantos, Leukolophides' S., attischer Feldherr II 749, 769, 771.
Adeimantos, korinthischer Feldherr II 77, 79.
Adel, bei Homer I 134. — s. Aristokratie.
Admetos, König der Molosser II 136.
Adonis, Verehrung des II 409, 615, 633, III 56.
Adramyteion, St. in Mysien. Gründung I 554; Delier in II 497.

Adramytes, K. Alyattes' S., Lyder I 554.
Adrastos, K. von Sikyon I 86, 241, 242, 251, II 284.
Aeakiden, in Attika I 286; in Aigina II 7, 81; in der Schlacht bei Salamis II 191.
Aegaeisches Meer s. Archipelagus.
Aegatischen Inseln, bei Sicilien. Carthager auf II 519.
Aegialeia s. Aigialeia.
Aegiden II 53; in Sparta I 95, 165, 167, 196; in Athen I 290; in Thera I 437; in Sicilien, Kyrene und Rhodos II 510.
Aegina s. Aigina.
Aegypten. Phönizier in I 40; von griechischen Stämmen beunruhigt I 40, 626; Griechen in I 406 f.; unter den Psammetichiden I 572; im Kampfe mit Kyrene I 439, 573; im Bunde mit Kroisos I 560; unter Amasis I 573 ff.; von den Persern unterworfen I 575; im Aufstande gegen Persien II 39, 43, 140, 157 f., 174, 177, III 203; im Perserkriege II 45; im Bunde mit Cypern III 211. — Einfluss auf Hellas I 496 f., 514; Mantik in I 457.
Acimnestos, Platäer II 93.
Aeinauten, Partei in Milet I 392.
Aenianen, Volksstamm am Oeta I 101, II 66.
Aeoliden I 81.
Aeolien, natürliche Beschaffenheit I 14; Colonisation von I 117 f.; im delischen Bunde II 243.
Aeolier, Verbreitung der I 81; in Thessalien I 100; Wanderung nach Kleinasien I 111, 138; in Troas I 391; aeolischer Dialekt II 818.
Aepytiden, messenisches Herrschergeschlecht I 146.
Aëropos, Temenide in Makedonien III 786.
Aëropos, K. von Makedonien III 787.
Aethiopen, bei Homer I 452; ägyptische I 404, II 44; asiatische II 44.
Aetna, Berg auf Sicilien I 418, II 506 f., 535.
Aetna, St. auf Sicilien Gründung II 528; Auflösung II 543.
Aetoler, mit den Lelegern verwandt I 45; Verbreitung I 106; im Peloponnes I 152, 209; und Delphi I 533; und Korinth II 344; im Kriege mit Athen II 454 f.; im Bunde mit Elis gegen Sparta III 149; im Bunde mit Theben III 311; und K. Philippos III 666.
Aetolien, Landschaft in Mittelgriechenland. Aeolier in I 81; natürliche Beschaffenheit I 107.
Afrika, griechische Niederlassungen in I 436 f. — s. Aegypten, Karthager, Libyer.
Agaios, Dorier I 149.
Agamedes, K. von Orchomenos, Erbauer des delphischen Tempels I 507.
Agamemnon, K. von Mykenai I 84, 87, 89, 118. 129, 131, 150 f.
Agariste, Kleistheues' T., Gemahlin des Megakles I 247.
Agariste, Xanthippos' Gemahlin II 28, 206, 266.
Agatharchos, Dekorationsmaler in Athen II 286, 300, 602.
Agathe, St. in Gallien I 434.
Agathinos, korinthischer Feldherr III 185.
Agathon, Tisamenos' S., attischer Dichter II 774, III 63 f., 79 f., 410, 513.
Agbatana s. Ekbatana.
Ageladas, Bildhauer aus Argos I 521, II 305 f., 548.
Agema, makedonischer Truppentheil III 419.
Agenor, argivischer Heros I 55.
Agesandridas, spartanischer Admiral II 717, 721, 727.
Agesilaos, Archidamos' S., K. von Sparta. Zeit des II 761; und Lysandros III 152 ff.; Thronbesteigung III 154; wird Feldherr III 160, 762; in Asien III 161 ff.; zurückberufen III 176; siegt bei Koroneia III 180 f.; im Peloponnes III 187, 189; im Peiraion III 188; in Akarnanien III 190 f.; und Antalkidas III 207; und Agesipolis III 228 f.; lebnt die Heerführung ab III 231, 273; und Olynthos III 235; und Phoibidas III 242 f.; gegen Phlius III 245 ff.; und Sphodrias III 276; in Böotien III 278 f., 284; auf dem Friedenscongress in Sparta III 294, 299; nach der Schlacht bei Leuktra III 309; und Mantineia III 319; in Arkadien III 325 f.; rettet Sparta III 328 f.; und Archidamos III 351; Feldherr gegen Epameinondas III 368 f.; öffentliche Stellung III 249; Kriegsführung III 220.
Agesipolis, Pausanias' S., K. von Sparta III 179; in Argolis III 191; und Agesilaos

III 227 f.; bei Mautineia III 231 f.; und Olynthos III 235; gegen die Besetzung der Kadmeia III 241; Feldherr gegen Olynthos III 244 f.; Tod III 248.

Agesippidas, spartanischer Feldherr II 579.

Agiadai, spartanische Obe I 175.

Agiaden, spartanisches Königsgeschlecht I 165, 167, 173, III 19, 752.

Agis, K. der Päonier III 417.

Agis, Stammvater der Agiaden I 168.

Agis I. Archidamos' S., K. von Sparta II 667; in Attika II 461, 672, 678, 705, 733, 735, 768, 777; Feldherr gegen Argos II 579 ff.; und Alkibiades II 681, 688 ff.; in Olympia III 148; Züge nach Elis III 149 f.; Tod III 152.

Agis II, Archidamos' S., K. von Sparta III 726.

Agis III, Eudamidas' S., K. von Sparta I 175.

Aglaophon, Maler in Thasos II 301.

Agone s. Spiele.

Agora s. Markt.

Agorakritos, Bildhauer aus Paros II 336, 375.

Agoranomoi, attische Marktpolizei II 112.

Agoratos, Athener II 785 f., III 16, 40.

Agorios, Pelopide aus Helike I 153, 209.

Agrai, attischer Demos I 305, II 27.

Agrianen, makedonische Völkerschaft III 418.

Agrigent s. Akragas.

Agron, K. von Lydien I 543, 660.

Agylla, St. in Etrurien I 532, II 525 f.

Agyrrhios, attischer Redner III 170, 202, 213, 218, 446, 468.

Aia, mythisches Land I 76.

Aiakes, Vater des Polykrates, Tyrann von Samos I 577.

Aiakes, Syloson's S., Tyrann von Samos I 593, 616.

Aiakos, achäischer Heros I 82, II 8.

Aiantis, attische Phyle II 22.

Aigaleos, Geb. in Attika I 281, II 81.

Aigeira, St. in Achaja III 540.

Aigeus I 50, 56.

Aigialeer, Küstenbewohner in Achaja und Sikyon I 108, 151, 239, 242.

Aigialeia, Küstenstrich des Peloponnes I 149, 222, 422.

Aigikoreer, attische Phyle I 268, 364.

Aigila, Insel im kretischen Meere I 58.

Aigimios, K. der Dorier I 96 f., 527.

Aigina. Name I 58; Achäer in I 82; Mitglied eines Seebundes I 88; als älteste Münzstätte I 235f.; gründet eine Factorei in Umbrien I 426; in Verbindung mit Samos I 520 f.; im Bunde mit Kreta I 585; huldigt den Persern II 8; Kleomenes in II 9 f.: in Feindschaft mit Korinth II 57; in den Perserkriegen II 64, 75, 81 f., 86, 90; attische Kleruchen in II 388; Rückkehr der Einwohner II 777, III 7; im korinthischen Kriege III 202f. — und Athen I 371, 376, II 7, 108, 167 f., 354, 388, III 202. — Handel von II 6; Kunst in I 520 f., II 304; Tempel der Athena in II 7. — Aegineten in Naukratis I 407, in Thyrea II 473.

Aigion, St. in Achaja I 58, 422.

Aigisthos I 166.

Aigition, St. in Aetolien II 455.

Aigospotamoi, Fl. im thrakischen Chersonnes. Schlacht bei II 768 ff., 839.

Aigosthena, St. in Megaris II 168.

Aigys, St. in Lakonien I 166, 169.

Ainaria, Insel bei Campanien I 417.

Ainesidemos, Aegide, in Gela II 510; in Akragas II 517.

Ainos, St. in Thrakien I 112.

Aioleion, St. am Hellespont I 112.

Aipytiden, messenisches Königsgeschl. I 189, 191.

Aipytos, K. von Messenien I 146 f.

Aischines, Athener III 14.

Aischines, Lysanias' S., Sokratiker III 496.

Aischines, Atrometos' S., attischer Redner. Herkunft und Persönlichkeit III 606 ff.; Politik und öffentliche Stellung III 610, 616, 622, 633, 644, 653, 699 f., 706, 722; Gesandter bei K. Philippos III 611 f., 620, 630 ff , 722; von Demosthenes angeklagt III 651 f., 655 ff., 807 f.; und Philokrates III 653 f.; in Euboia III 665; und Anaxinos III 680; in Delphi III 697 ff.; Verrath des III 702 f.

Aischines, Tyrann von Sikyon I 642.

Aischylides, Sykophant in Athen III 15, 19.

Aischylos, Euphorion's S., tragischer Dichter aus Eleusis I 469, 471, II 286 ff., 818; in Syrakus II 536; Nachkommen des III 61; Geltung nach seinem Tode III 62, 527. — und Ion von Chios II 266; und Aristophanes II 775. — Tra-

gödien: Perser III 132; Sieben I 147; Orestie II 159 f.
Aisimos, Athener III 40.
Aisymneten I 226.
Aithalia, Insel im tyrrhenischen Meere I 418.
Aithalidai, attischer Demos I 367.
Aitolos, Stammvater der Aetoler I 107.
Akademie, Gymnasion in Athen I 353, III 501, 545.
Akanthos, St. auf der Chalkidike. Gründung I 412; Brasidas in II 483 f.; und Athen II 502, 590; und Sparta III 235.
Akarnanien, Landschaft in Mittelgriechenland. Perikles in II 174; im peloponnesischen Kriege II 371; im Kriege mit Ambrakia II 399 f., 456 f.; im korinthischen Kriege gegen Sparta III 175; im Kriege mit Achaja III 190 f.; im neuen attischen Bunde III 285; im Bunde mit Theben III 311; von Athen unterstützt III 666; im Bunde mit Athen III 679.
Akesines, Fl. in Sicilien I 420.
Akiris, Fl. in Unteritalien I 425.
Akoris, Herrscher von Aegypten III 211.
Akragas, St. in Sicilien. Gründung I 428; Verfassung I 535; unter Tyrannen II 517ff.; in Feindschaft mit Syrakus II 521, 527; wird Republik II 543; von den Sikulern geschlagen II 553; und Egesta II 560; und Athen II 636, 650; von den Karthagern zerstört II 664. — Üppigkeit in I 419; Kunst in II 531; Bauten in II 538f.; Beredsamkeit in II 545.
Akrai, St. auf Sicilien I 422, 429, 511.
Akropolis von Athen. Lage I 281f.; von Kylon besetzt I 299f.; K. Kleomenes auf der I 373; von den Persern genommen II 78; von Sparta besetzt II 791, III 14. — Denkmäler der I 352, 379, II 181, 206, III 532; Neubauten des Perikles II 318ff.; Urkunden auf der II 561; Grotte des Pan II 27.
Akroreia, Landschaft in Elis III 150.
Aktaion, Korinther I 256, 643.
Akte, Küste von Troas II 441.
Akte, Landzunge von Chalkidike II 488, 590.
Akumenos, Arzt in Athen III 524.
Akusilaos, Geschichtschreiber aus Argos II 263.
Alalia, St. auf Korsika I 569, II 525.

Alea, St. in Arkadien I 154.
Aletes, Heraklide I 252.
Aleuaden, edle Familie in Thessalien II 42, 65, 115, 143, III 338, 341, 345f., 412, 431, 667.
Aleuas, Thessaler II 42.
Alexandreia, St. in Aegypten, chronologische Studien in I 139.
Alexandros, Priamos S., s. Paris.
Alexandros I Philhellen, K. von Makedonien I 599, II 65, 74, 87, 92, 152, III 402f.
Alexandros II, Amyntas' II S., K. von Makedonien III 345f., 412f.
Alexandros der Große, K. von Makedonien III 681, 716f., 722.
Alexandros, K. der Molotter III 665.
Alexandros, Tyrann von Pherai III 345, 347, 365f., 431, 460.
Alexis, attischer Komödiendichter III 531.
Alkaios, lesbischer Dichter I 344, 346, 529.
Alkamenes, Tyrann von Akragas II 517.
Alkamenes, attischer Bildhauer II 375, III 535.
Alkamenes, K. von Sparta I 277.
Alkamenes, spartanischer Feldherr II 680f.
Alkandros, Tyrann von Akragas II 517.
Alketas, Herrscher in Epirus III 342, 479.
Alketas, Orontes' S., Makedonier III 404.
Alkibiades, Vater des Kleinias, Athener I 360.
Alkibiades, Kleinias' S., Athener. Abstammung I 286; Jugend II 570ff.; Politik und öffentliche Stellung II 575ff., 600ff.; wird Feldherr II 578; in Argos II 581, 584; und Nikias II 585f., 612ff.; Führer der sicilischen Expedition II 611, 618f.; und der Hermenfrevel II 619f.; in Sicilien II 624; abberufen II 624, 627; nach der Abberufung II 630; in Sparta II 641 f., 672, 679, 681; Feldherr Spartas II 682ff.; und Tissaphernes II 689 ff., 698f.; verhandelt mit den attischen Oligarchen II 692 f.; und Phrynichos II 696; beim samischen Heere II 709 ff.; zurückberufen II 719; Seezüge II 724 ff.; siegt bei Abydos II 727; siegt bei Kyzikos II 729f.; in Athen II 738ff.; Aufeindungen des II 749f.; in Kleinasien II 751f.; abgesetzt II 753; im Chersones II 769f.;

in Persien III 16ff.; Tod III 18. — und Sokrates II 572f., III 93f.
Alkidamas, Rhetor aus Elaia III 513f., 518.
Alkidas, spartanischer Feldherr II 429 ff., 448.
Alkimenes, Korinther III 186.
Alkiphron, Argiver II 580.
Alkmäoniden, edles Geschlecht in Athen II 206; Herkunft aus Messenien I 286; am kylonischen Frevel betheiligt I 300; Verbannung I 302; Heimkehr I 328; Parteistellung I 332, 335f., 341, 347, 363; zweite Verbannung I 339; kämpfen gegen die Tyrannen I 360f.; stellen den delphischen Tempel her I 361; dritte Verbannung I 372, 374; und Persien I 377, II 25; Gegner des Miltiades II 28; Ausweisung der von Sparta verlangt II 361.
Alkmaion, Megakles' S., Athener I 249, 365, II 267; Feldherr im heiligen Kriege I 328; in Sardes I 335.
Alkmaion, Megakles' S., Athener II 132.
Alkman, Dichter in Sparta I 276, 529, II 189.
Alkmene, Grab der III 262.
Alkon, Epirot I 249.
Alphabet, s. Schrift.
Alpheios, Fl. in Elis I 152, 207.
Alsion, St. in Etrurien II 525.
Altis, heiliger Hain in Olympia I 213, II 529.
Alyattes, K. von Lydien I 489, 551 f.; Grab des I 554.
Alyzia, St. in Akarnanien. Schlacht bei III 285, 774.
Amadokos, Thraker III 465, 580, 582.
Amasis, K. von Aegypten I 331, 406, 439, 560, 573 f., 581, 584.
Amathus, St. in Cypern I 611, III 210.
Amazonen, ephesische I 115.
Ambrakia, St. in Akarnanien. Kypseliden in I 265, 271; in den Perserkriegen II 90; im Bunde mit Korinth II 343, 349; im Kriege mit Akarnanien II 399f., 456f.; schliefst Frieden mit Akarnanien II 457; im korinthischen Kriege gegen Sparta III 175; und K. Philippos III 674, 679. — Kunst in I 520. — Golf von I 8.
Ambron, Milesier, Gründer von Sinope I 403.
Ambrysos, St. in Phokis I 110, III 303.
Ameinokles, Schiffsbaumeister in Korinth I 256, 411.

Ameipsias, attischer Komödiendichter II 629.
Amestris, Xerxes' Gemahlin II 138.
Amiantos, Arkader I 248.
Amilkas, Mago's S., Karthager II 520.
Amisos, St. am Pontos I 432, II 251.
Ammonion, Heiligthum des Zeus Ammon in Libyen I 496.
Amnestie, in Athen durch Solon I 328; zur Zeit der Schlacht bei Salamis II 779; nach der Schlacht bei Aigospotamoi II 779; unter Thrasybulos III 39, 44, 109 ff.
Amompharetos, Spartaner II 92.
Amorges, Pissuthnes' S., Perser II 670, 684, 687.
Amorgos, Insel im ägäischen Meere, im attischen Bunde II 238. — Buntwirkerei auf I 50.
Ampe, St. am Tigris I 617.
Ampelos, Berg auf Samos I 582.
Ampheia, St. in Messenien I 190.
Amphiaraos I 86; Orakel des I 555.
Amphidoloi, St. in Pisatis III 150.
Amphiktyon, Deukalion's S. I 103 f.
Amphiktyonien, älteste I 98. — pythische (delphische) Amphiktyonie I 99 ff., 244, 467, II 125, 130, III 433, 628, 651 f., 697 ff., 727; peloponnesische I 219; ionische I 223; delische I 346, II 122; unteritalische I 425.
Amphiktyonis, Stamm von Thurioi II 253.
Amphilochia, Landschaft in Akarnanien II 456 f.
Amphilytos, Wahrsager aus Acharnai I 344.
Amphimnestos, Epidamnier I 249.
Amphion, Bakchiade in Korinth I 258.
Amphion, thebanischer Heros I 80.
Amphipolis, St. in Makedonien. Gründung II 254, III 404; Brasidas bei II 484 ff.; Brasidas und Kleon bei II 499ff.; Rückgabe an Athen angeordnet II 502; von Sparta behauptet II 565; spartanischer Harmost in III 6; unter persischem Schutze III 354; und Athen III 420 ff., 463, 485; von K. Philippos genommen III 423.
Amphissa, St. in Lokris III 698 ff., 812, 710, 713.
Amphitheus, Thebaner III 170, 264, 266.
Amyklai, St. in Lakonien I 166; Name I 162; Dorier in I 147. — Apollo-heiligthum in II 561, III 123, 535; amy-

kläischer Thron I 512 f.; Hyakinthien in III 159. — Purpurgewänder von I 162.
Amynias, Sellos' S., Athener II 496, 788.
Amyntas I, K. von Makedonien I 598 f., III 402.
Amyntas, makedonischer Praetendent II 420, III 407.
Amyntas II, K. von Makedonien III 787.
Amyntas III, K. von Makedonien III 235, 291, 411 f., 479.
Amyris, aus Siris I 248.
Amyrtaios, aegyptischer Feldherr II 177, 183.
Amythaoniden, äolisches Sehergeschlecht I 81, 86.
Anacharsis, Skythe I 398, 443, 500.
Anaia, St. in Karien II 431.
Anakeion, Heiligthum der Dioskuren in Athen II 716.
Anakreon, Dichter aus Teos, in Samos I 581, 663; in Athen I 356; — Standbild auf der Burg von Athen II 206.
Anakten I 123.
Anaktorion, St. in Akarnanien II 90, 344, 562.
Anaphe, Insel im ägäischen Meere II 235.
Anaphlystos, attischer Demos I 285.
Anapos, Fl. in Sicilien I 422, II 538, 638.
Anarchie, Jahr der in Athen III 42.
Anaxagoras, Philosoph aus Klazomenai II 196, 277, III 57, 812; in Athen II 200, 207, 270; angeklagt II 374, 377, III 59. — und Euripides III 65; und Perikles II 270, 374, 377; und Platon III 804; und Sokrates III 93, 101; und Thukydides II 280. — Popularität des III 67; Werke des im Buchhandel III 67, 517.
Anaxandridas, K. von Sparta I 208.
Anaxandrides, attischer Komödiendichter III 531, 605.
Anaxibios, spartanischer Feldherr III 140 f., 202.
Anaxilaos, Tyrann von Rhegion und Zankle I 616, II 509, 518, 521, 526 f., 529.
Anaximandros, Philosoph aus Milet I 490, 501, II 192 f.
Anaximenes, Philosoph aus Milet I 501, II 193.
Andania, St. in Messenien I 191, III 331.

Andreas, Tyrann von Sikyon I 210.
Androdamas, Gesetzgeber aus Rhegion I 536.
Androgeos, Minos' S. I 64.
Androkleides, Thebaner III 170, 262.
Androkles, Athener II 606, 620, 702.
Androkliden, in Messenien I 189 ff., 224; in Ephesos I 224.
Androklos, Athener I 113.
Andron, Athener II 721.
Andronikos, attischer Schauspieler III 528.
Andros, Insel im ägäischen Meere. Colonisationsthätigkeit I 412, 427; Themistokles bei II 84, 103; von Athen belagert II 750. — attische Kleruchen in II 250.
Androtion, attischer Geschichtschreiber und Redner III 520, 565, 567.
Aoristos, Spartaner II 398.
Angites, Fl. in Thrakien III 425.
Anios, priesterlicher Heros auf Delos I 465.
Ankaios, Argonaut I 154.
Anno (Mago), Karthager II 520.
Antalkidas, Leon's S., Spartaner. Charakter III 127; in Sardes III 192 ff.; als Oberfeldherr III 203 f.; Friede des III 205, 208 f.; in Susa III 293; Tod III 353.
Antandros, St. in Mysien I 113, II 747.
Anten I 504.
Anteuoriden, in Kyrene I 444.
Anthedon, St. in Böotien I 76.
Antheia, St. in Messenien II 144.
Anthemokritos, attischer Herold II 389.
Anthemus, St. in Makedonien I 599, III 402, 423.
Anthesterien, Fest in Athen II 259.
Antilochos, Dichter III 120.
Antimachides, attischer Architekt I 357.
Antimachos, Athener II 374, 465.
Antimachos, Athener, Schatzmeister des Timotheos III 453.
Antimachos, epischer Dichter aus Kolophon III 120.
Antimenides, Lesbier I 343, 561.
Antiochis, attische Phyle II 22.
Antiochos, attischer Admiral II 751.
Antiochos, Geschichtschreiber aus Syrakus II 545 f.
Antiochos, Aleuade in Thessalien II 42, 60.
Antipatros, makedonischer Feldherr III 613, 715, 722.

Antiphanes, attischer Komödiendichter III 73, 531.
Antiphemos, Rhodier I 427.
Antiphon, Sophilos' S., attischer Redner, als Lehrer der Beredsamkeit II 279; Gegner des Alkibiades II 608; Führer der oligarchischen Partei II 700 f., 714 f.; angeklagt II 721 f.; Tod II 722. — und Kritias II 788; Schmähungen des III 518.
Antiphon, Athener III 653.
Antipolis, St. in Gallien I 434.
Antirrhion, Vorgeb. in Aetolien I 253.
Antissa, St. auf Lesbos II 422.
Antistates, attischer Architekt I 357.
Antisthenes, Sokratiker in Athen III 494 f.
Antisthenes, spartanischer Admiral II 697.
Anytos, Athener II 266, 817.
Anytos, Anthemion's S., Athener, verbannt III 16; Führer der flüchtigen Athener III 28; Ankläger des Sokrates III 113.
Aoos, Fl. in Epirus I 92, 414.
Apaturien, Fest in Athen I 223, II 762.
Apelles, Maler aus Kolophon III 541.
Aphareïden, in Messenien I 163.
Aphareus, K. von Messenien I 190.
Aphetai, St. in Magnesia II 71.
Aphobetos, Bruder des Aischines III 691.
Aphobos, Athener III 554, 558.
Aphrodite. Herkunft aus Syrien I 43; Verbindung mit Minos I 64. — Cult in Attika I 56; auf Eryx II 610; in Korinth I 49; in Knidos III 215; in Kranae I 36; in Memphis I 48; in Sidon I 50. — Darstellungen der III 536.
Aploun, thessalischer Name für Apollo I 98.
Apodekten, attische Finanzbehörde II 247.
Apollodoros, Athener, Mörder des Phrynichos II 715.
Apollodoros, aus Phaleron, Schüler des Sokrates III 93, 116, 496, 539.
Apollodoros, Pasion's S., Athener III 592 f., 802.
Apollodoros, attischer Feldherr III 683.
Apollon, bei Homer I 133, 137, als amphiktyonischer Gott I 451, 511; als Colonisationsgott I 485 f.; als Gott der Weissagung I 460 f.; Bedeutung seines Cultus I 52, 74, 451, 470 f., 524. — Cult in Argos I 150; in Attika I 106, 280, 283, 353; in Chalkis I 485; in Cypern I 53; in Delos I 53, 64, 75, 465, II 122, 458; in Delphi I 53, 99, 243, 467 f.; in Didymoi s. Didymaion; in Karien I 45; auf Kerkyra I 256; in Kreta I 64, 157; in Lykien I 74, 461; in Magnesia I 53, 98; im sicilischen Naxos I 420; in Olympia I 218; in Sparta I 165, 196; in Syrakus II 538; in Tarent I 424; in Thessalien I 98; in der ionischen Tetrapolis I 283; in Troas I 67 f. — Beinamen: Agyieus 1305; Boëdromius II 27; Delphinios I 53, 78, 223, 424, 485; Hylatas I 53; Ismenios I 465; Karneios I 95, 165, 196, 437, 465; Lykios I 72; pagasäischer I 98; Patroos I 289, 306; Pythaeus I 150, II 579; Pythios I 53. — Spitzsäule als Symbol des I 510.
Apollonia, St. auf Chalkidike III 235.
Apollonia, St. in Illyrien. Name I 485; Gründung I 414.
Apollonia, Hafen von Kyrene I 438.
Apollonia, St. in Thrakien I 400.
Apollonides, Athener III 598.
Apries, K. von Aegypten I 439, 573 f.
Apsephion, attischer Archont II 127, 291.
Apsephion, Athener III 567.
Apsos, Fl. in Illyrien III 399.
Araber, unter persischer Herrschaft I 588; im Heere des Xerxes II 44.
Arachthos, Fl. in Epirus I 92.
Arakos, spartanischer Admiral II 766.
Archäanaktiden, Herrschergeschlecht in Pantikapaion I 447.
Archedemos, attischer Demagog II 759, 772.
Archedike, Hippias' T., Athenerin I 360.
Archelaer, Stand in Sikyon I 242.
Archelaos, K. von Makedonien II 773 f., III 67, 97, 409 f.
Archelaos, makedonischer Praetendent III 414 f.
Archelaos, K. Amyntas' S., Makedoner III 802.
Archeptolemos, Hippodamos' S., Athener II 701, 715, 721 f.
Archestratos, attischer Feldherr II 753.
Archias, Bakchiade aus Korinth, gründet Syrakus I 256, 643.
Archias, Spartaner I 584.
Archias, Thebaner III 262 ff.
Archidamos II, K. von Sparta. Zeit des

II 798; Politik des II 356, 365: im messenischen Kriege II 144; bei Plataiai II 399, 426ff.; auf dem Isthmos von Korinth II 383 f.; in Attika II 385 f., 391, 424; Tod II 430. — und Ion von Chios II 268; und Mantineia III 231.

Archidamos III. Agesilaos' S., K. von Sparta III 725 f.; bei Megara III 309, 776: in Arkadien III 351, 360; vertheidigt Sparta III 369; in Phokis III 626; Tod III 726.

Archilochos, Dichter aus Paros I 425, II 189 f.

Archinos, Athener III 28, 752, 45, 52, 109, 213, 217.

Archipelagus, Klima des I 3; leicht zu befahren I 11 f.; Abgeschlossenheit des I 390.

Architektur, älteste I 124 f.; dorische I 504 f.; ionische I 508 f., 659; attische II 321; Verbindung der ionischen und dorischen I 241; korinthische III 534; in Athen I 357, 509 f., II 146, 310 ff.; in Sicilien II 538 f.; in Sikyon I 241.

Architrav I 504.

Archonten, attische, lebenslängliche I 290; zehnjährige I 291; einjährige I 292; Wahlberechtigung zum Archontat I 317; richterliche Competenz der I 321: Stellung der II 222; Datirung nach den III 50. — s. Polemarchos.

Archytas, Pythagoreer in Tarent I 537, III 525, 731.

Arderikka, St. der Kissier II 41.

Ardys, K. von Lydien I 548, 661.

Areopag, in Athen, als Gerichtshof I 289 f., 296, 305, 322; als oberste Aufsichtsbehörde I 319; Organisation durch Solon I 320 f.; seit Kleisthenes I 371; außerordentliche Gewalt des in den Perserkriegen II 75; Stellung des II 156, 809: Beschränkung des durch Ephialtes II 155 f.; von Aischylos gefeiert II 290; außerordentliche Gewalt des nach der Schlacht bei Aigospotamoi II 780 f.; unter den Dreißig aufgehoben III 13, 754: unter Eukleides reformirt III 45; in demosthenischer Zeit III 648, 807, 653, 655, 719f.

Ares, in Athen I 289.

Arethusa, Quellname I 413. — Quelle bei Chalkis auf Euboia I 409; bei Syrakus II 511, 540.

Argadeer, attische Phyle I 288, 364.

Argaios, makedonischer Praetendent III 414, 416.

Arganthonios, Fürst der Tartessier I 435, 568 f.

Argeaden, makedonisches Herrschergeschlecht III 400, 756.

Argilos, St. in Makedonien II 484, 502, 590.

Arginusen, Inselgruppe bei Lesbos. Schlacht bei den II 756 ff.; Process gegen die Feldherrn der Arginusenschlacht II 760 ff., 838.

Argolis, Landschaft im Peloponnes, natürliche Beschaffenheit I 4, 10; Purpurschnecken bei I 36; Einwanderung aus Aegypten I 44; Verbindung mit Lykien I 128; Ionier in I 58, 231; Dorier in I 147 f.; Danaer in I 84 f.; Tantaliden in I 86; Herakliden in I 144, 156; Auswanderungen aus I 113; im peloponnesischen Kriege II 680. — Sagen von I 55; Burgen von I 58; Baudenkmäler in I 125, 129. — s. Argos.

Argolizonten, Partei in Korinth III 186.

Argonauten I 56, 75, 103.

Argos, Heros I 55.

Argos, St. in Argolis. Name I 59; Gründung I 130; widerstrebt dem Dionysoscult I 52; „ionisches Argos" I 58; als Seemacht I 87; im Kriege mit Sparta I 192, 232 f.; im Kriege mit Arkadien I 232; unter Pheidon I 234 f.: nach dem Tode des Pheidon I 242; K. Kleomenes in I 362, II 49 f.; unterwirft die achäischen Städte II 151; im Bunde mit Athen II 155, 171; verhandelt mit Persien II 183; im peloponnesischen Kriege II 366, 562 f., 564, 566, 577, 579 ff., 585, 588 f., 652, 686, 724; nimmt flüchtige Athener auf III 28; im korinthischen Kriege gegen Sparta III 175, 180, 186, 191 f., 197; giebt Korinth auf III 207; Revolution (Skytalismos) in III 315 f.; im Bunde mit Theben III 327; an der Gründung von Messene betheiligt III 331; greift Phlius an III 335; greift Epidauros an III 349; im Bunde mit Tegea III 368; in demosthenischer Zeit III 640, 660, 725, 727, 739. — Colonien von I 114; Cult der Hera in I 232; Verzeichnisse der Herapriesterinnen in I 494; Kunst in I 521, II 305.

Argos, St. in Makedonien III 400.

Argura, St. in Euboia III 591.
Ariabignes, persischer Admiral II 82.
Ariadne I 64.
Ariaios, Perser III 137.
Arinramnes, Perser I 594.
Aricia, St. in Italien II 526.
Arimnestos, Platäer II 95.
Ariobarzanes, persischer Satrap III 350, 457, 467, 479.
Arion, Dichter aus Lesbos, in Korinth I 261; in Sicilien II 530.
Ariphron, Athener, Bruder des Perikles II 570.
Aristagoras, Tyrann von Kyme I 593.
Aristagoras, Tyrann von Kyzikos I 593.
Aristagoras, Tyrann von Milet II 142; Unternehmung des gegen Naxos I 601 f.; im Aufstande gegen Persien I 607 f.; in Sparta und Athen I 609; Tod I 614, III 424.
Aristaichmos, Eleer III 639.
Aristandros, Bildhauer aus Paros II 336, III 535.
Aristarchos, Athener II 714, 720, 761.
Aristarchos, Athener III 594.
Aristarchos, Spartauer, Harmost in Byzanz III 141 f.
Aristarchos, dramatischer Dichter aus Tegea III 604.
Aristeides, Lysimachos' S., Athener. Geburtszeit II 798; Charakter II 130; Jugend II 14; und die Hetärien II 16; wird Feldherr II 20; bei Marathon II 21, 23, 25; als Archon I 651, II 30; Gegner des Themistokles II 34 f.; verbannt II 37; bei Salamis II 80, 82 f.; als Oberfeldherr II 86, 88; bei Plataiai II 94, 113; in Sparta II 110; Verfassungsreform des II 113 f.; Führer der Flotte II 114, 118; ordnet den attischen Seebund II 121 f.; Tod II 147 f., 808; — und Aischylos II 290; und Perikles II 228, 234; und Themistokles II 131 f. — Nachkommen des II 406.
Aristeides, thebanischer Maler III 381.
Aristeus, Adeimantos' S., Korinther II 352 f., 398.
Aristippos, Philosoph aus Kyrene III 98, 493 f.
Aristippos, Aleuade in Larisa III 338, 779 f.
Aristodemos, Heraklide I 144, 161, 165.
Aristodemos, spartanischer Feldherr III 179.

Aristodemos, attischer Schauspieler III 611.
Aristodikos, Tanagräer II 170.
Aristogeiton, Athener, Mörder Hipparch's I 359, II 329; Denkmal des I 380.
Aristogeiton, Athener III 744.
Aristogeiton, thebanischer Bildhauer III 382.
Aristogenes, attischer Feldherr II 756.
Aristokleides, Musiker aus Lesbos III 81.
Aristokles, Athener II 716.
Aristokrates, Skellios' S., attischer Feldherr II 714, 749, 753, 765.
Aristokrates, Athener III 581 f.
Aristokrates, K. von Orchomenos I 192, 200, 271.
Aristokratie, in Ionien I 226; im Peloponnes I 240; in Megara I 266; in Athen I 289 f., 322, 362 f., 385, 410 (s. Eupatriden, Oligarchen); in den Perserkriegen II 58; im peloponnesischen Kriege II 370.
Aristokypros, K. von Soloi I 612.
Aristomenes, Messenier I 191, 201 f., III 332.
Aristomenidas, Spartaner II 443, III 161, 762.
Ariston, Athener I 336.
Ariston, korinthischer Steuermann II 651.
Aristonikos, Athener III 650, 680.
Aristonoos, Thessaler III 338.
Aristonymos, arkadischer Gesetzgeber III 547.
Aristonymos, Athener II 495.
Aristonymos, Tyrann von Sikyon I 241.
Aristophanes, Nikophemos' S., Athener III 216, 219, 544.
Aristophanes, attischer Komödiendichter, und Alkibiades II 775 f.; und Euripides III 66; und Kleon II 464, 469 ff., 493, 501; und Kleophon III 87; und Sokrates III 93, 96, 106 f. — über gleichzeitige Dichter III 62 ff., 79, 88; über Musik III 83. — Komödien: Babylonier II 464; Acharner II 493, III 392; Ritter II 493 f.; Wolken III 93; Friede II 568; Vögel II 629 f.; Lysistrate II 694; Thesmophoriazusen II 703; Frösche II 774 f.; Weibervolksversammlung III 214; Plutos II 739, 837.
Aristophon, Athener II 712.
Aristophon, Demostratos' S., attischer

4

Staatsmann III 48, 754, 446, 462 ff., 468 ff., 475 f., 567, 570, 607, 731.
Aristos, Spartaner III 129.
Aristoteles, attischer Feldherr II 456.
Aristoteles, Athener, Einer der Dreifsig III 14, 108.
Aristoteles, Marathonier III 448, 450.
Aristoteles, Philosoph aus Stagira III 718, 747 f.
Aristoxenos, Dichter aus Selinus II 531.
Arkadien, Landschaft im Peloponnes, natürliche Beschaffenheit I 10; Bevölkerung II 50; Dialekt I 24; älteste Zustände I 152 f., II 55; Zusammenhang mit Messenien I 189; im messenischen Kriege I 192, 200, 207; im Bunde mit Pisa I 213; im Kriege mit Argos I 232; im Perserkriege II 64, 68; im Kriege mit Sparta II 166, III 349; im Kriege mit Lepreon II 563; im peloponnesischen Kriege II 680; Missstimmung gegen Sparta III 125; Einheitsbestrebungen III 318 f.; und Theben III 335 f., 366 f.; im Bunde mit Athen III 359; im Kriege mit Elis III 359 ff.; Spaltung von III 368; unterstützt die elischen Aristokraten III 639; und K. Philippos III 725, 727, 739. — Cult des Zeus in I 46. — s. Mantineia, Megalopolis, Tegea.
Arkas, Stammheros der Arkader I 153, 534, II 564.
Arkas, Stamm von Thurioi II 253.
Arkesilas, Maler aus Paros II 336.
Arktinos, epischer Dichter aus Milet II 276.
Armenier. Abstammung I 31; von Medien unterworfen I 552; im Heere des Xerxes II 45.
Arnäer (alter Name der Böotier), in Thessalien I 94; wandern nach Böotien I 117, 138. — s. Böotier.
Arne, St. in Böotien I 95.
Arne, St. in Thessalien I 94.
Aroanisches Gebirge in Arkadien II 10.
Arrhephoren II 414.
Arrhabaios, Häuptling der Lynkesten II 482.
Arrhidaios, K. Amyntas' S., Makedoner III 802.
Arselis (Gyges), karischer Söldnerführer I 544.
Arsites, persischer Satrap III 683.
Artabanos, K. Dareios' Bruder, Perser I 41, 48, 138.

Artabazos, Pharnakes' S., Feldherr des Xerxes II 85, 87, 89, 91, 93, 117, 131.
Artabazos, persischer Satrap III 437, 469.
Artaphernes, Hystaspes' S., Statthalter von Lydien II 122; verhandelt mit Athen I 376, 382, 602; und Aristagoras I 605; Feldherr im ionischen Aufstande I 610, 612 f.; tödtet Histiaios I 617; abgesetzt I 618.
Artaphernes, Artaphernes' S., persischer Oberbefehlshaber gegen Griechenland II 12, 38.
Artaphernes. Perser II 669.
Artaxerxes I, K. von Persien II 138, 563, 670.
Artaxerxes II Mnemon, K. von Persien. Thronbesteigung III 130; und Alkibiades III 16; im Kriege mit Kyros III 134 ff.; und Konon III 159; und Sparta III 196, 203 f.; und Euagoras III 211.
Artaxerxes III Ochos, K. von Persien III 483, 570, 799.
Artaynte, Masistes' T., Perserin II 138.
Artazostra, K. Dareios' T., Gemahlin des Mardonios I 618.
Artemis. Herkunft aus Asien I 52; identisch mit Iphigenia I 54. — Verehrung in Arkadien I 478; in Attika I 280, 354; in Ephesos I 115, 223 (s. Artemision); in Euboia I 98, 410; in Hemeroskopeion I 435; in Kreta I 64; in Lakonien I 164. — Beinamen: Aristobule II 132; Brauronia I 354; Euklein III 188, 382; Hymnia I 154; Laphria I 107; Limnatis I 188; Munychia II 83, 315; Orthia I 186.
Artemisia, Lygdamis' T., Königin von Halikarnass II 76, 100, 265.
Artemisia, Maussollos' Gemahlin, Königin von Halikarnass III 801.
Artemision, Vorgebirge von Euboia. Kämpfe mit den Persern bei II 71 f., 99, 102, 570.
Artemision, Heiligthum der Artemis bei Ephesos I 223, 227, 509; Einfluss auf die Colonisation I 487; von Kimmeriern bedroht I 550; von Kroisos ausgeschmückt I 555; persische Gesinnung II 59.
Artemon, attischer Ingenieur II 238, 335.
Arthmios, aus Zeleia II 63.

REGISTER.

Artobazanes, K. Dareios'S., Perser II 40.
Asbyten, Volk in Afrika I 413.
Asinaria, Fest in Syrakus II 661.
Asinaros, Fl. in Sicilien II 659.
Artyaktes, persischer Stattbalter II 106.
Arumazda, persischer Gott I 587, 589.
Arybbas, K. der Molotter III 428, 665 f.
Asine, St. in Argolis I 192, 233.
Asine, St. in Messenien I 190, 202, 462, III 349.
Askanios, Aineias' S., Troer I 68.
Asklepiaden, Cult der in Messenien I 146; Schulen der III 523.
Asklepios, Cult des in Messenien I 146.
Asopichos, Thebaner III 260.
Asopios, Phormion's S., attischer Feldherr II 421, 426, 624.
Asopos, Fl. im Peloponnes I 110, 238, II 68.
Asopos, Fl. in Böotien I 58, 110, 375.
Aspasia, Milesierin, und Perikles II 226 f.; angeklagt II 377 f.; zweite Vermählung II 414, 824.
Aspendos, St. in Pamphylien III 202.
Assarakos, K. der Troer I 68.
Assarhaddon, K. von Assyrien I 574.
Assesos, St. bei Milet I 489, 551.
Assos, St. in Mysien I 113, II 422.
Assos, Fl. in Phokis III 342.
Assyrier, dringen nach Kleinasien vor I 65; unterwerfen Phrygien, Troas und Lydien I 67, 544; am Pontus I 76; Handelsverkehr der I 394; Vertrag der mit Milet I 399; herrschen über Aegypten I 404; im Kampfe mit Phoenikien I 428; Abfall der Lyder und Meder I 544; Einfluss auf die griechische Kunst I 514.
Astakos, St. in Akarnanien II 421.
Astakos, St. in Bithynien I 410.
Astarte, phönizische Göttin I 43, 48, 395, 455.
Asterios, attischer Archont III 316.
Asteropos, Spartaner I 204.
Astronomie, in Athen II 272 f.; in Babylon I 456; in Ionien I 501. — s. Kalender.
Astyages, K. von Medien I 554.
Astydamas, Morsimos' S., dramatischer Dichter in Athen III 61 f.
Astymachos, Plataer II 443.
Astynomoi, attische Polizeibeamte II 122.
Astyochos, spartanischer Admiral II 685, 657, 696 ff., 711.

Astypalaia, Burg von Samos I 578, 580.
Astyra, St. in Karien I 38.
Astyra, St. in Troas I 395, III 176.
Atalante, Insel im Euripos II 388.
Atarneus, St. in Mysien I 454, 566.
Ateas, Skythenfürst III 686.
Athamas, Ahnherr der Minyer I 81.
Athen, Lage I 201; Sitz der Ionier I 88; wird Hauptstadt von Attika I 281, 259.—Entstehung der Unterstadt I 347; Neugestaltung durch Peisistratos I 349 f.; Neubau nach den Perserkriegen II 107 f.; Neubauten unter Kimon II 146; Neubauten unter Perikles II 310 ff. — Bevölkerungszahl II 50. — s. Akropolis, Dipylon, Kerameikos, Markt, Mauern, Peiraieus u. s. w.; vgl. Attika.
Athen, St. in Böotien I 95.
Athena, Name III 51. Verehrung in Aegypten I 573; in Aigina II 7; in Assesos I 489, 551; in Athen I 282, 351 f., II 246 f., 312; in Ionien I 52, 223; in Korinth I 254; in Libyen I 405, 436; in Syrakus II 511. — Beinamen: Alea III 329, 534; Areia II 301; Chalkioikos II 134; Ergane II 333; Hygieia II 334; Itonia III 181; Kleiduchos II 334; Nike II 334; Parthenos II 328; Polias I 282, II 319; 749 f., III 534; Promachos II 327; Skiras III 285.
Athenagoras, Syrakusaner II 633.
Athenaia, alte Form für Athena III 51.
Athenasion, alter Name für Ephesos I 115.
Athenaios, Spartaner II 495.
Athenaïs, Stamm von Thurioi II 253.
Athenokles, Athener II 251.
Athleten, in Athen III 473.
Athlotheten, Festordner in Athen II 225.
Athos, Vorgeb. von Chalkidike. Vegetation des I 4, 7; von Eretria colonisirt I 410; Schiffbruch der Perser am I 619; von Xerxes durchstochen II 46; Schiffbruch des Agesandridas am III 727.
Atlas I 51.
Atomistik II 196 f.
Atossa, Kyros' T., K. Dareios' I Gemahlin I 593, 601, II 38, 46.
Atreus I 87.
Atriden I 87 (s. Agamemnon, Menelaos).
Attaginos, Thebaner II 90, 97, 100.

4*

Attika, natürliche Beschaffenheit I 4, 9, 14, 275, 285; Bewohner I 28, 110, 280, 285; Achäer in I 52; Minyer in I 110; Ionier in I 58, 105; Zuwanderungen in I 285; Ausgangspunkt der ionischen Wanderung I 110; Athen Hauptstadt von I 254.
Atys, lydischer Stammheros I 66.
Aulis, St. in Böotien I 78, 112, 118; Agesilaos in III 161.
Aulon, St. an der Grenze von Elis und Messenien III 157.
Autokles, Strombichides' S., Athener III 294 f., 347, 456, 463.
Autolykos, Athener III 14 f.
Autophradates, Satrap von Lydien III 210.
Auxesia, Göttin in Epidauros I 511.
Axios, Fl. in Makedonien I 7, II 46, III 390.

Baal, phönizischer Gott I 48.
Babyka, Oertlichkeit in Sparta I 178.
Babylon, selbständiges Reich I 544; im Bunde mit Medien I 552 f.; im Bunde mit Kroisos I 560 f. — Einfluss auf die ionische Cultur II 192; Gewichts- und Münzsystem I 228, II 551; Sterncultus I 80; Astronomie I 456.
Bätis, Fl. in Iberien I 435.
Bagarios, phrygischer Gott I 65.
Bagistana, St. in Medien. Denkmal von I 589.
Bakchiaden, Herrschergeschlecht in Korinth I 252 f., II 525, III 399. — Colonisationsthätigkeit der I 421 f.
Bakchis, K. von Korinth I 252.
Bakchylides, Dichter aus Keos II 535, 537.
Baktrien I 621.
Baktrier, persisches Volk II 43, 91.
Bardylis, Illyrier III 417.
Barke, St. in Cyrenaika I 439, 443, 621, II 518.
Bartja (Smerdis), Kyros' S., Perser I 588.
Basileios, Halle im Kerameikos zu Athen II 317.
Basiliden, edles Geschlecht in Ephesos I 554.
Basilissa, Gemahlin des Archon König in Athen I 292.
Bathykles, Bildhauer aus Magnesia I 513, 568, II 35.
Batrachos, Sykophant in Athen III 15, 19, 44.

Battiaden, kyrenisches Herrschergeschlecht I 439.
Battos, Theräer, Gründer von Kyrene I 437.
Battos II, K. von Kyrene I 439.
Baukunst s. Architektur.
Baumcultus I 503.
Beamte, in Athen I 318; durch das Loos bestellt I 369 f., 650.
Beerdigung I 498 f. (s. Gräber).
Bellerophon I 73, 85, 254.
Belmina, St. in Lakonien I 152, III 727.
Belos, phönizischer Gott I 55.
Bendis, thrakische Göttin II 409.
Beredsamkeit, attische II 275 ff., III 512 ff. (siehe Aischines, Demosthenes u. s. w.); sicilische II 574 f.
Bergwerke. Verwendung des Ertrages der attischen I 385, II 31 f. (s. Laurion); auf Chalkidike I 410, auf Thasos II 5, in Thrakien II 240, III 424 f.
Berisades, Thraker III 465.
Bermion, Geb. in Makedonien III 394, 400.
Besoldung s. Sold.
Besser, thrakischer Volksstamm III 424.
Bias, argivischer Heros I 86.
Bias, aus Priene, Einer der sieben Weisen I 499, 570.
Bine, St. in Thrakien III 682.
Bisalter, Volk in Thrakien II 251, III 403.
Bithyner I 32.
Bithynien, Landschaft am Pontus. Arkader in I 153.
Blutrache I 288, 297, 322.
Böotarchen III 269.
Böotien, Landschaft in Mittelgriechenland, natürliche Beschaffenheit I 9, 36, III 255; Bevölkerung I 24, III 254; Danaos in I 56; Ionier in I 58, 110; Minyer in I 76; Einwanderung aus Thessalien in I 95, 254; in der delphischen Amphiktyonie I 102; Auswanderung von nach Ionien I 110, 112; treibt Schifffahrt I 122; Widerstand gegen Theben I 375; in den Perserkriegen II 93 f., III 256; von Alexandros von Makedonien besetzt II 74; Unruhen in II 178; im peloponnesischen Kriege II 366, 475 ff., 502, 567, 580, 652, 720; von Theben geeinigt III 269 f., 284, 289. — s. Theben.
Böotier, in Thessalien I 94; wandern

nach Böotien I 95; bedrängen Attika
I 290.
Boges, persischer Feldherr II 124, 127.
Boiai, Hafenstadt in Lakonien I 166.
Boion, St. in Doris I 97.
Boiotia, Stamm von Thurioi II 253.
Boiotos, Stammheros der Böotier I 94.
Borysthenes, Fl. in Sarmatien I 401.
Bosporanisches Reich III 483, 551.
Bosporos, von K. Dareios überbrückt
I 595.
Bottiäer, Volk in Makedonien II 243,
352, 502, III 396, 402, 406.
Branchiden, milesisches Priesterge-
schlecht I 465.
Brasidas, Tellis' S., spartanischer Feld-
herr. Charakter und Politik II 478 ff.;
bei Methone II 387; im korinthischen
Golfe II 401, 419 f.; bei Kerkyra II
445, 448; bei Pylos II 462; in Thes-
salien II 481 f.; in Chalkidike und
Makedonien II 483 ff., 495 ff., III 407;
bei Amphipolis II 498 f.; Tod II 500.
— und die Heloten II 479, 501, 565.
Brauron, attischer Demos I 334, 352,
354.
Brea, St. in Thrakien. Gründung II 251,
III 404.
Brentesion (Brundisium), St. in Kala-
brien I 415.
Brilessos s. Pentelikon.
Brückenbau I 484; Brücke des Dareios
über den Bosporos I 595; des Xerxes
über den Hellespont II 46 f., 106, 801.
Bryas, Argiver II 588.
Bryaxis, attischer Bildhauer III 540.
Buchhandel, in Athen III 517 f.
Budiner, Volk in Russland I 443.
Bürgerrecht, attisches, durch Solon ge-
ordnet I 307; unter Kleisthenes I
369 f.; unter Perikles II 256 f., 397;
unter dem Rath der Vierhundert ein-
geschränkt II 704; nach dem Sturze
der Vierhundert II 718; an Metöken
und Sklaven verliehen II 756, 838;
unter den Dreissig III 26; unter
Eukleides III 48, 754; Zahl der athe-
nischen Bürger II 801.
Bukatios, thebanischer Monat III 335.
Bularchos, Athener III 711.
Bulis, St. in Phokis I 413.
Bund, von Delos. Gründung II 121 f.;
Zwistigkeiten II 128 f.; Verlegung
der Bundeskasse nach Athen II 163 f.,
810; attische Rechtshoheit II 218,
812 f.; Bundesgebiet II 181, 235, 243,
441, 474, 502; Stellung der Bundes-
staaten II 235 f., 470, 502, 592;
Schatzung II 243 f. (s. Tribut); Auflö-
sung nach der sicilischen Expedition
II 652 ff. — neuer attischer Seebund
III 251, 285, 449, 457, 463, 465, 470.
Bura, St. in Achaja III 316, 540.
Burg, von Athen s. Akropolis.
Butadai, attischer Demos I 367.
Butaden, Priestergeschlecht in Athen
I 287, 386, 452, II 319.
Buzygen, Priestergeschlecht in Athen
I 386, II 205.
Byblos, St. in Phönizien I 34.
Byssosstaude I 54.
Byzantion, St. am thrakischen Bosporos.
Gründung I 266, 411; von den Per-
sern genommen I 600; von den Grie-
chen genommen II 116; Pausanias in II
117; Flottenstation der Griechen II
124; von Athen genommen II 133;
unterstützt die samischen Oligarchen
II 237; von Athen unterworfen II
238; von Alkibiades. genommen II
736 f.; von Lysandros genommen
II 776; von Thrasybulos genommen
III 201; im neuen attischen Bunde III
282, 449; im Bunde mit Theben III
365, 459; fällt von Athen ab III 467;
im Bunde mit K. Philippos III 440;
im Bunde mit Athen III 677; von
K. Philippos belagert III 684 f.
Byzes, Naxier I 603.

Caere, St. in Italien s. Agylla.
Carthager, s. Karthager.
Chabrias, attischer Feldherr, in Aigina
III 202; in Cypern III 205, 211, 219;
bei Eleutherai III 267, 773; in Böo-
tien III 278; Führer der Bundesflotte
III 282 f., 450; Mitfeldherr des Iphi-
krates III 292; auf dem Isthmos von
Korinth III 335; angeklagt III 458;
in Aegypten III 462, 480; Tod III
471. — und Aristophon III 462; und
Platon III 509.
Chaireas, Athener II 706.
Chairemon, Charikles' S., attischer
Feldherr II 591.
Chairephon, Sokratiker III 107, 117,
496.
Chaironeia, St. in Böotien I 95, II 179;
Schlacht bei III 716 f., 813 f.; Denk-
mal auf dem Schlachtfelde III 745.

Chaldäer s. Babylon.
Chalkedon, St. am Bosporos. Gründung I 411; von den Persern genommen I 600; von Alkibiades genommen II 735; von Lysandros genommen II 776; von Thrasybulos genommen III 201.
Chalkideus, spartanischer Admiral II 680, 682 f., 686.
Chalkidike, Halbinsel Makedoniens I 410; Verfassung von I 536; und Athen II 351 f.; fällt von Athen ab II 488 ff., III 405 f.; an Athen zurückgegeben II 502; im peloponnesischen Bunde II 564; seit dem Nikiasfrieden II 569 ff.; und K. Philippos III 441 ff.
Chalkis, St. in Aetolien I 252, 413, II 173.
Chalkis, St. in Elis I 413.
Chalkis, St. in Euboia. Lage I 78; im Kampfe mit der attischen Tetrapolis I 283; in Fehde mit Eretria I 230, 256, 411; in Verbindung mit Korinth I 252; im Kriege mit Athen I 374, 379; attische Kleruchen in I 379, II 181, 249; von Theben angegriffen III 464; Tyrann in III 590; im Bunde mit Athen III 665, 678. — Verehrung der Artemis I 98; Metallindustrie I 252, 408; Seefahrten I 413; Colonien von I 409, 417 f.; Sängerkampf in I 527 f.
Chalyber, Volk am Pontos I 399.
Chaoner, Volksstamm in Epirus I 92.
Charadros, Bach in Argolis III 192.
Chares aus Aixone, attischer Feldherr III 462, 451; bei Kyzikos II 729; in Kerkyra III 463; im thrakischen Meere III 464 f.; bei Chios III 467, 469; im Dienste des Artabazos III 470 f.; in Sigeion III 479 f.; in Thrakien III 580; im olynthischen Kriege III 603 f.; am Bosporos III 685; in Amphissa III 710; bei Chaironeia III 716.
Charias, Athener I 360.
Charidemos, Söldnerführer aus Oreos III 481 f.; bei Amphipolis III 421, 482; und Kersobleptes III 463, 479, 580; und Athen III 581; im olynthischen Kriege III 604; als attischer Feldherr III 719 f.
Charikles, Apollodoros' S., Athener II 608, III 27, 33.
Charilaos, König von Sparta I 170 f., 192, 232.

Charillos, s. Charilaos.
Charinos, Athener II 149, 373, 388.
Chariten. Cult der in Orchomenos I 77; in Kreta I 64.
Charmidas, Spartaner I 277.
Charmides, Glaukons'S., Athener II 789, III 108.
Charminos, attischer Feldherr II 698.
Charoiades, attischer Feldherr II 555.
Charon, Geschichtschreiber aus Lampsakos II 263.
Charon, Thebaner III 265 ff.
Charondas, Gesetzgeber in Katane I 536, II 253, 506, 528, 549.
Charops, Aischylos'S., attischer Archont I 292.
Chartas, Künstler aus Sparta I 516.
Charybdis I 222.
Cheileos, Tegeat II 62, 101.
Cheimerion, Vorgeb. in Epirus II 349.
Cheirisophos, Spartaner III 134, 139.
Chelidoneen, Inselgruppe bei Lykien II 185.
Chersikrates, Bakchiade aus Korinth I 256.
Chersonnesos, Halbinsel am Hellespont, und Athen II 176, 243, 251, III 464, 481, 579, 670, 723.
Chilon, Spartaner, Einer der sieben Weisen I 204, 499, II 473.
Chion, Mörder des Tyrannen Klearchos II 547.
Chios, Insel im ägäischen Meere I 116; colonisirt Naukratis I 407; im Bunde mit Milet I 550; gewinnt Atarneus I 566; von Kyros unterworfen I 571; unter Tyrannen I 593; im ionischen Aufstande I 615 f.; in den Perserkriegen II 104, 106; und Athen II 123, 238, 371, 671, 679 f., 682, 754, III 282, 449, 465, 467 ff., 677; im Bunde mit Theben III 365; unterstützt Byzanz III 685. — Mundart von I 223; Münzen von I 234; Erfindung des Löthens auf I 516; Kunst auf I 518, 520.
Choireaten, Volksabtheilung in Sikyon I 212.
Choirilos, attischer Tragödiendichter II 284.
Choirilos, epischer Dichter aus Samos III 120, 417, 502.
Choner, Volksstamm in Unteritalien I 423.
Chor, in Athen durch Liturgie gestellt II 241 f., 295; dramatischer II 287;

bei Euripides III 77; den Komödien entzogen III 88.
Chorasmier, persisches Volk II 44.
Choregie II 242, 295.
Chromios, Syrakusaner II 527.
Chronologie, in Anknüpfung an Priesterverzeichnisse I 494, 659; älteste Versuche I 138, II 267; in Athen I 356; in Alexandria I 139. — s. Olympiaden.
Chrysippos, Arzt aus Knidos III 521.
Chrysopolis, St. am Bosporos II 733, III 139.
Chrysothemis, Dichter aus Kreta I 526.
Chthonophyle I 151.
Cilicien, Landschaft Kleinasiens. Mantik in I 457.
Cithermusik III 81 f.
Colonien. Bedeutung I 439 ff.; gottesdienstlicher Charakter I 484 f.; und Delphi I 534 f.; Verfassung I 535 f.; Stellung zu den Mutterstädten II 219. — in Afrika I 403 ff., 436 f.; in Gallien I 432 f.; in Iberien I 134 f.; in Italien I 416 ff.; in Kleinasien I 113 f.; am Pontos I 399 ff.; in Thrakien I 409 ff., 568. — von Athen II 252 f., 330; von Chalkis I 409 f., 417 f.; von Epidauros I 114; von Eretria I 410 f.; von Kerkyra I 414 f.; der kleinasiatischen Küstenstädte I 393 f.; von Korinth I 256, 410 f., 421; von Megara I 266, 410 f., 421, 428; von Milet I 395, 399 ff.; von Naxos I 427; von Phokaia I 132 f.; von Rhodos I 427, 432, II 507, 519; von Syrakus II 511.
Cykladen I 602; abhängig von Kreta I 63; von Athen colonisirt I 113.
Cyniker, Schule der III 495, 544.
Cypern. Verkehr mit Phönizien I 35; phönizische Niederlassungen auf I 48; Achäer in I 52; Arkader in I 153; unter assyrischer Herrschaft I 428, 573; von Aegypten unterworfen I 574; im Aufstande gegen Persien I 608, 611 f.; im Perserkriege II 45, 80; den Persern entrissen II 115; und Athen II 177, 183; unter Euagoras II 753 (s. Euagoras); von Persien wiedergewonnen III 205. — Mundart I 54; äol. Dialekt auf I 24; Gottesdienste I 53, 574; Kupfer in I 408; Mantik in I 457; Münzen in III 211.
Cyrenaiker, Philosophenschule III 544. — s. Aristippos.

Daidaliden I 512.
Daidalos, mythischer Künstler aus Kreta I 64, 515.
Daktylen, Dämonen im Ida I 67.
Damaretion, syrakusanische Münze II 540.
Damasenor, Tyrann von Milet I 229.
Damasos, aus Siris I 248.
Damia, Göttin in Epidauros I 511.
Damiskos, Messenier III 360.
Damokleidas, Thebauer III 265.
Damokratidas, K. von Argos I 233.
Damon, attischer Musiker II 207, 270, 377.
Damonides aus Oa, Athener II 215.
Damophon, Pisat I 214.
Damothoidas, Lepreat I 214.
Danner, argivische Pelasger I 84 f.
Danaos I 41, 55, 85, 475.
Daphnis, Tyrann von Abydos I 593.
Dardaner, in Troas I 39, 67 f.; beunruhigen Aegypten I 40; als Colonisten I 41, 58; Raubzüge der I 70; von den Aeoliern zurückgedrängt I 113; Niederlassungen der I 221; in Attika I 250; mit den Achäern verwandt I 118; mit den Elymern verwandt I 430.
Dardanos, St. in Troas I 612.
Dareikos, persische Goldmünze I 591, III 427.
Dareios (Hektor), Priamos' S. I 68.
Dareios I, Hystaspes' S., K. von Persien. Thronbesteigung I 589; Reformen des I 590 f.; verwüstet Samos I 587; Zug gegen die Skythen I 594 f.; gegen Thrakien I 597 f.; gegen Makedonien I 599; gegen Griechenland I 619, II 6 ff.; neue Rüstungen gegen Griechenland II 38 f.; Tod II 40.
Dareios II Ochos, K. von Persien II 670, III 130.
Dareios, Xerxes' S., Perser II 138.
Daskylion, St. an der Propontis. Gründung I 546; Hauptstadt einer persischen Provinz I 592, II 671.
Datis, persischer Feldherr. Abstammung II 59; Oberbefehlshaber gegen Griechenland II 12, 38.
Daton, St. in Thrakien III 424 f.
Daorises, persischer Feldherr I 607, 612.
Deigma, Börsengebäude im Peiraieus II 314.
Deinicha, Gemahlin K. Archidamos' III von Sparta III 436.

Deinolochos, Komödiendichter in Syrakus II 534.
Deinomache, Megakles' T., Gemahlin des Kleinias II 570.
Deinomenes, Hieron's S., Syrakusaner II 528.
Deinomeniden s. Gelon, Hieron.
Deiokes, K. von Medien I 552.
Deiphontes, Heraklide I 149, 156, 232.
Deisidämonie I 459, III 56.
Dekadnchen, attische III 33.
Dekarchieen, spartanische III 9 (s. Zehnmänner).
Dekeleia, attischer Demos I 368; von Sparta besetzt II 673, 777.
Deliasten, priesterliche Familie in Athen I 459.
Delion, St. in Böotien. Schlacht bei II 476 f., II 574, III 94, 271.
Delos, Insel im ägäischen Meere. Apollodienst auf I 53, 64, 75, 465; Amphiktyonie von I 316; Theorien nach I 454, 459; Festfeier in I 482; Reinigung durch Peisistratos I 345; Reinigung während des peloponnesischen Krieges II 458; Verbindung mit Rhenaia I 579; Perser in II 12; Mittelpunkt des attischen Seebundes II 122 (s. Bund); Vertreibung der Bewohner durch Athen II 497; Rückführung der Bewohner II 569; Amphiktyonenspruch über Delos III 654 f.
Delphi. Lage I 465 f.; Gründung I 99, 243, 466; verschiedene Culte I 51, 466, 496, 525; Apollocult I 53, 99, 243, 467 f. — im ersten heiligen Kriege mit Krisa I 245 f., 308, 325; im zweiten heiligen Kriege mit Phokis II 178; im dritten heiligen Kriege mit Phokis III 436, 624; in den Perserkriegen II 59, 74; von Illyriern bedroht III 249; K. Philippos in III 627. — Festfeier in I 246, 478; Tempel von I 361, 500, II 375, III 100, 698; Lesche in I 497, 533, II 301, 303; Schatzhäuser in I 522, III 311, 382; Weihgeschenke in I 521, 532 f., 543, 546 f., 555, II 86, 309, 529, 540, 548, III 123, 382; Messen in I 483. — heilige Strasse zum Olymp I 100; Festzug nach Tempe I 474; Theorien nach I 454, 459. — Bedeutung des Orakels I 468 f.; Mittelpunkt der pythischen Amphiktyonie I 100, 467, II 130, III 311 (s. Amphiktyonie); als Erdmittelpunkt angesehen I 490; nationaler Mittelpunkt I 531 f.; sinkender Einfluss I 538 f., II 54 f., III 59. — und die Zeitordnung I 473; und die Geschichtschreibung I 495; und die Kunst I 502 f.; und die Poesie I 526; und die Colonisation I 441, 484, 489, 534 f.; und die Tyrannen I 534. — und das Ausland I 496, 532 f.; und Aetolien I 533; und Aigina II 7; und Argos I 540; und Athen I 246, 538, II 178, 615; und Chalkis I 422; und die Dolonker I 337; und Knidos I 540; und Kreta I 243, 501, 540; und Krisa I 244 f., 467; und Kyrene I 438, 489; und die ozol. Lokrer III 699; und Lydien I 532; und Mantineia I 533; und Olympia I 218; und Phokis III 433 (s. oben); und Rom I 532; und Sikyon I 246, 538; und Sparta I 245, 380, 499, 501, 533, 538, II 360, 452; und Theben III 311. — und K. Agesilaos III 181; und die Alkmäoniden I 360, 539; und K. Alyattes I 489, 551; und K. Amasis I 574; und K. Gyges I 546; und Iason von Pherai III 343 f.; und Kimon II 128; und Kleisthenes von Athen I 365, 374; und Kleisthenes von Sikyon I 245, 469, 534, 539; und K. Kleomenes I 539, II 10; und K. Kroisos I 555 f., 560; und Iason I 299; und Lykurgos I 170; und Lysandros III 173; und die Peisistratiden I 361; und Peisistratos I 345; und K. Philippos III 697, 740; und Pythagoras I 502; und Sokrates III 107 f.; und Solon I 308; und die Tarquinier I 532; und Themistokles II 86.
Delphinion, Blutgerichtsstätte in Athen I 296.
Delphion, Phliasier III 246 f.
Delphusa, Quelle in Delphi I 466.
Demades, Athener III 614, 715 ff., 722 f., 731.
Demaratos, K. von Sparta I 378, II 9 f., 42, 60, 100; Nachkommen des III 145.
Demarchos, Demenvorsteher in Attika I 368.
Demarete, Gemahlin Gelon's von Syrakus II 518, 540.
Demaretion, syrakusische Münze II 540, 829.
Demen, attische Bezirke I 367 f., 650; Heroen der I 374.
Demeter. Verehrung der in Attika I 280, 285; in Eleusis I 284, 286; in

Kreta I 52, 64; in Messenien I 146, III 331 f.; in Paros I 64; in Sicilien I 452, II 531; in Theben III 240; bei Thermopylai II 67. — als Bundesgottheit I 98.
Demetrios, Athener, in Thurioi II 552.
Demiurgen, Volksabtheilung in Attika I 257.
Demochares, Athener III 551.
Demokedes, Arzt aus Kroton I 581, 600 f., II 41.
Demokopos, Baumeister in Syrakus II 534.
Demokritos, Philosoph aus Abdera I 568, II 196 f., III 58, 716, 755.
Demomeles, Athener III 711.
Demonides, Athener aus Oia II 149.
Demophantos, Athener II 724, 731.
Demophilos, Athener III 647.
Demophon, attischer Feldherr III 267, 773.
Demophon, Athener, Vormund des Demostheues III 554.
Demosthenes, Alkisthenes' S., attischer Feldherr II 451; im westlichen Griechenland II 453 ff.; besetzt Pylos II 459 ff., 467 f., 525 f.; bei Megara II 475; in Böotien II 476 f.; bei Epidauros II 554; Feldherr gegen Syrakus II 648; bei Syrakus II 651 ff.; auf dem Rückzuge II 657 ff.; gefangen II 659; Tod II 661. — Kriegsführung III 221.
Demosthenes, Demosthenes' S., attischer Redner. Herkunft und Jugend III 551 ff., 798; Charakter III 797 f.; Anlagen und Ausbildung III 558 ff.; als Sachwalter III 565; Politik und öffentliche Stellung III 584 f., 591, 602 f., 613, 615, 645 f., 648 f., 650 f., 664, 669, 675, 678 ff., 685, 688 ff., 700 ff., 720, 723 f.; Gesandter bei K. Philippos III 611, 618, 620 f., 630; klagt Aischines an III 651 f., 655 ff., 807 f.; Gesandter im Peloponnes III 658 f., 679; am Hellespont III 676; mit dem Goldkranze geehrt III 680, 711, 715; an der Spitze des Regierungsausschusses III 707; in Theben III 707 f.; und Phokion III 711, 714; im ägäischen Meere III 720, 722 f. — Charakter seiner Beredsamkeit III 563 f., 568 f.; Reden: gegen Androtion III 565 f., 567 f. gegen Leptines III 566 f. gegen den Perserkrieg III 571 von den Symmorien III 573 f. für Megalopolis III 577 f., 649 gegen Aristokrates III 581, 649, 670 für Rhodos III 583 erste Philippika III 585, 587 f. gegen Meidias III 593 f. olynthische III 599 ff., 602 f., über den Frieden III 633 f., 706 messenische III 659 f. zweite Philippika III 661 vom Chersonnes III 671 ff., 707 dritte Philippika III 673 ff. — Rückblick auf seine Wirksamkeit III 728 ff.; Quellen seiner Geschichte III 797 f.
Demostratos, attischer Redner II 614.
Derkyllidas, spartanischer Admiral II 726, III 127, 146, 155, 183, 202.
Deukalion I 103, 353.
Dexileos, Athener III 216.
Dia, Insel bei Kreta I 62.
Diadikasie III 798.
Diäteten, attische Schiedsmänner I 322, II 218.
Diagoras, Melier III 58 f., 755 f.
Diagoriden, in Rhodos I 202.
Diakria, Gebirgsgegend in Attika I 332, 352, II 21, 673.
Diakrier, Gebirgsbewohner in Attika I 294, 363, 367, II 13 f.
Diaktoridas, Skopade I 249.
Dialekte I 22 f.; dorischer I 23; attischer I 388, II 277; ionischer I 223; äolischer II 818; cyprischer I 154; makedonischer III 397.
Diasien, Zeusfest in Athen I 299.
Didymaion, Heiligthum bei Milet. Orakel von I 165; Bedeutung für die milesische Colonisation I 486; als Bundesheiligthum I 545; Weihgeschenke des Kroisos in I 555; von den Persern verbrannt I 617; persische Gesinnung des II 59.
Digamma I 18, 527.
Diitrephes, Athener II 671.
Dikte, Geb. in Kreta I 64.
Diobolie II 151.
Diochares, Thor des in Athen II 316.
Diodoros, Athener III 566, 568.
Diodotos, Eukrates' S., Athener II 416, 438, 440.
Diogenes, Philosoph aus Apollonia II 200.
Diogenes, Philosoph aus Sinope III 495.
Diognetos, Athener III 37.
Diognetos, Athener, Hieromnemon in Delphi III 697 f.

Diokleides, Athener II 625 f., 628.
Diokles, Athener III 47.
Diolkos, Fahrbahn auf dem Isthmos I 253, 261.
Diomedon, attischer Feldherr II 706, 713, 755, 759, 765.
Diomilos, Andrier, Feldherr in Syrakus II 638.
Dion, Syrakusaner III 548.
Dion, St. am Athos II 591, III 409.
Dione, Verehrung der in Dodona I 93.
Dionysien, in Athen II 150 f., 282, III 455.
Dionysios, Maler aus Kolophon II 301.
Dionysios, Feldherr aus Phokaia I 615 f.
Dionysios, Hermokrates' S., Tyrann von Syrakus, gelangt zur Herrschaft III 129; nimmt die Messenier auf III 151; und Athen III 204, 216, 457, 531, 592; und Sparta III 155, 249, 293; und Theben III 336.
Dionysios der Jüngere, Dionysios' S., Tyrann von Syrakus III 335, 351, 525, 547 f.
Dionysodoros, Athener II 786, III 17.
Dionysodoros, Geschichtschreiber in Theben III 381.
Dionysos. Einführung in Griechenland I 52; Verehrung in Attika I 352, 365; in Delphi I 466, 473, 525; bei den Geloneern I 444; in Korinth I 254; in Kreta I 64; in Sicilien II 531; in Sikyon I 242. — Feste des s. Dionysien. — Dionysostheater in Athen II 318, III 745.
Diopeithes, Athener II 377, 417, III 59.
Diopeithes, attischer Feldherr III 670 f., 673, 675.
Diopeithes, Spartaner III 154.
Diophantos, attischer Archont III 213.
Diophantos, Thebaner III 373.
Dioskuren, Verehrung in Athen II 716; in Lakonien I 162, 173.
Dioskurias, St. am Pontos I 402.
Diotimos, Athener III 647, 650, 720.
Diotrephes, Athener II 700.
Dipaia, St. in Arkadien II 166.
Dipatyros, pelasgischer Zeus I 46.
Diphilos, Athener III 689.
Diphridas, spartanischer Feldherr III 203.
Dipoinos, Bildhauer aus Kreta I 160, 520.
Dipylon, Thor in Athen II 146.
Dirke, Fl. in Böotien I 79.

Diskus I 476 f.
Dithyrambos, in Korinth I 254, 261, 357; in Athen II 190, 282, III 75 f., 531 f.
Dodona, St. in Epirus, pelasgischer Ursitz I 28; Priesterinnen von I 57; Sitz der Gräker I 92; Orakelstätte des Zeus I 92, 450; Einfluss Libyens auf I 495.
Dokimasie, Prüfung der Beamten in Athen III 110.
Dolonker, thrakischer Volksstamm I 337, 595.
Doloper, Volk in Thessalien II 66, III 340, 628.
Dorier. Herkunft aus Thessalien I 29, 33, 96; Mundart I 23; Charakter I 144; in Doris I 97; Verbindung mit den Maliern I 101; Verbindung mit den Makedoniern III 396; in der delphischen Amphiktyonie I 102: dorische Wanderung I 105 f., 138; dringen in den Peloponnes I 107, 144 f.; am Isthmos I 108; in Messenien I 145; in Lakonien I 147, 156, 163, 174 f.; in Argos I 231 f.; in Sikyon I 238; an der ionischen Wanderung betheiligen Attika I 290. — Colonien der I 290; Apollocult I 98; dorischer Baustil I 504 f.; dorische Lyrik I 529.
Doricus, Anaxandrides' S., Spartaner I 113, II 56, 514.
Doris, Stamm von Thurioi II 253.
Doris, Landschaft in Mittelgriechenland. Einwanderung der Dorier in I 97; von Phokis angegriffen II 169; im Bunde mit Sparta II 452; im heiligen Kriege gegen Phokis III 435; in der delphischen Amphiktyonie III 628.
Doriskos, St. in Thrakien II 46, 124.
Dorkis, spartanischer Feldherr II 119.
Doros, Stammheros der Dorier I 99, 107.
Doxandros, Mytilenäer II 424.
Drabeskos, St. in Thrakien. Schlacht bei II 142, 316, III 425.
Drachme I 286, 312, 325.
Drakon, attischer Archont I 296 f., 645. — Criminalrecht des beibehalten I 323; Gesetze des unter Eukleides restituirt III 46.
Drakontidas, Athener II 790.

Drakontides, attischer Feldherr II 350, 378, 821.
Drama, Entstehung des I 357, II 263; attisches III 60 ff. — s. Komödie, Satyrspiel, Tragödie.
Dreifsig (Tyrannen) in Athen. Einsetzung der II 790; Herrschaft der III 12 ff., 22, 25 f., 30 f.; Spaltung der III 33 f.; in Eleusis III 40; Sturz der III 43.
Dryoper, Volk am Oeta I 97; von den Doriern besiegt I 99; in Messenien I 190.
Drys, St. in Thrakien III 479.
Duketios, Sikuler II 542, 553.
Dymanen, Stamm der Dorier I 145, 161.
Dymas, Schwiegersohn des Priamos I 68.
Dyrrhachion s. Epidamnos.
Dyspontier, Stadtgemeinde in Pisatis I 215.

Echemos, K. von Tegea I 106, 154.
Echetlos, Heros II 191.
Echinaden, Inselgruppe im ionischen Meere I 412.
Echinos, St. in Phthiotis III 674.
Edoner, thrakischer Volksstamm II 142, 254, III 424.
Eetion, Korinther I 258.
Eetioneia, Halbinsel im Peiraieus II 714.
Egesta, St. in Sicilien I 430; im Kampfe mit Selinus II 559 f.; und Athen II 595 ff., 609 f., 631; und Karthago II 664.
Ehe, in Athen II 203.
Eikostologen, attische Steuerbehörde II 674.
Einkünfte, öffentliche s. Finanzen.
Eïon, St. in Thrakien II 46, 124, 127, 249, 486.
Eira, Bergfeste in Messenien I 201 f., 213, III 331.
Eisangelie III 653.
Ekbatana, Hauptstadt von Medien I 559.
Ekdikos, spartanischer Admiral III 197.
Ekecheiria (Waffenruhe), personificirt I 210.
Ekklesia s. Volksversammlung.
Elaius, St. auf dem thrakischen Chersonnes III 509.
Elateia, St. in Phokis II 74, III 704.
Elatos, Spartaner I 194.

Elea (Hyele), St. in Lukanien. Philosophie in II 193 f.
Elea, Stamm von Thurioi II 253.
Eleaten, Philosophenschule II 194 f., 199.
Elegie, Ursprung der I 199, 543.
Eleios, Kimon's S., Athener II 147.
Elektron I 557.
Elephantine, Insel im Nil II 265.
Eleusis, St. in Attika I 95; Eumolpiden in I 282; im Kampfe gegen Athen I 284; als Demos I 367; dreifsig Tyrannen in III 31, 40. — Demeterdienst in I 284, 286; Bauten in II 312 f.; Festzüge nach II 81, 315, 739.
Eleusis, St. in Böotien I 95.
Eleutherien, Fest des Zeus in Syrakus II 542. — panhellenisches Siegesfest II 803.
Elfmänner, attische Executivbehörde III 15, 751, 39.
Elimeia, Thal in Makedonien III 394.
Elimioten, makedonisches Geschlecht III 411.
Elis, Landschaft im Peloponnes. Aeolier in I 24, 81; Leleger in I 45; Gründung des Staates I 152, 209; im Bunde mit Sparta I 192, 211; leitet die Festfeier in Olympia I 210 f.; Kämpfe um Olympia I 212 f.; im Bunde gegen Persien II 64; als Gesammtstaat II 135; demokratische Umwälzung II 166 f.; und Korinth II 343; im peloponnesischen Kriege II 502, 563, 567, 580 ff.; im Kriege mit Sparta III 146 ff., 761; im Bunde mit Theben III 327; und Arkadien III 349 f., 359 ff., 368; und K. Philippos III 639 f., 725, 739.
Elis, St. am Peneios II 166, III 149.
Elische (Cypern) I 35.
Elpinike, Kimon's Schwester II 126, 159, 175.
Elymer, Volk in Sicilien I 418, 429 f., 433, II 505, 519.
Emathia, Landschaft in Makedonien I 589, III 396, 401.
Embolima, eingelegte Gesänge der Tragödien III 64.
Eumeniden, Zweig der Aegiden in Sicilien II 510, 517, 541. — und Pindaros II 537.
Empedokles, Philosoph aus Akragas II 195, 200, 253, 540, 545, 554.
Emporiai, St. in Spanien I 434, 443.

Emporion, Handelshafen von Athen II 112.
Endios, Spartaner II 679, 683, 732.
Endoios, attischer Bildhauer II 303.
Enna, St. in Sicilien. Gründung I 422, II 511.
Ennenhodoi, Ort in Thrakien II 142.
Entimos, Kreter I 427.
Eordäer, Völkerschaft in Makedonien III 394.
Epameinondas, Polymnis' S., Thebaner. Jugend und Bildung III 258ff.; und Pelopidas III 263; beim Morde der Oligarchen nicht betheiligt III 267; gründet die heilige Schaar III 271; Gesandter in Athen III 287; Gesandter in Sparta III 294, 298f.; bei Leuktra III 303ff.; nach der Schlacht bei Leuktra III 307ff.; ruft die Messenier zurück III 314; gründet Megalopolis III 322; erster Zug in den Peloponnes III 327ff.; zweiter Zug in den Peloponnes III 336; in Thessalien III 317; dritter Zug in den Peloponnes III 355f.; vierter Zug in den Peloponnes III 368ff.; fällt bei Mantineia III 373 ff. — Charakteristik III 375ff.; seine Reformen des Heerwesens III 301 f.; Quellen seiner Geschichte III 771.
Epariten, stehendes Heer in Arkadien III 323.
Epeer, Volksstamm in Elis, Stammverwandte der Leleger I 45, 106, 111.
Epeion, St. in Triphylien III 150.
Epeiros, Landschaft in Nordgriechenland, natürliche Beschaffenheit I 91; Hellas in I 92, 450; Wanderungen aus I 93; wird barbarisch I 451; im Bunde mit Korinth II 341; im Bunde mit Ambrakia II 400; Spartaner in III 249; im neuen attischen Bunde III 285; und K. Philippos III 440, 665 f.
Ephesos, St. in Ionien. Gründung I 113f., 220; im Bunde mit Priene I 221; politische Bedeutung I 223; Androkliden in I 224; von Kroisos belagert I 556; im ionischen Aufstande I 610; fällt von Athen ab II 679; Niederlage des Thrasyllos bei II 734; Lysandros in II 747 f., 767; Agesilaos in III 164; fällt von Sparta ab III 153; im Bunde mit Rhodos III 467. — Verehrung der Artemis I 223 (s. Artemision);

Münzen von I 234; Binnenverkehr von I 391; Seeverkehr von I 223; Mundart von I 223.
Epheten, attische Richter I 297, 646,322.
Ephialtes, Sophonides' S., Athener II 149, 153, 158, 170, 212.
Ephialtes, attischer Redner III 677.
Ephialtes, Malier II 69.
Ephoren, spartanische Behörde I 185, 194, 203 f.,459, II 116, 118,134,566f., III 126. — attische II 779.
Ephoros, Geschichtschreiber aus Kyme III 521 ff.
Epichares, Athener, Einer der Dreißig III 33.
Epicharmos, Koer, Komödiendichter in Syrakus II 531 ff.; als Mediziner II 535; und die Schrift III 50.
Epidamnos, St. in Illyrien. Gründung I 414, 446; Aufstand in II 344f.
Epidauros, St. in Argolis. Gründung I 110; Mitglied eines Seebundes I 88; Auswanderung aus I 110; wird dorisch I 149; Ionier in I 231 f., 520; von Korinth unterworfen I 264; in den Perserkriegen II 64, 90; im Kriege mit Athen II 167 f., 179, 394; im peloponnesischen Kriege II 495, 575 f., 583; unterstützt Sparta gegen Theben III 335; von Argos angegriffen III 349. — Colonien von I 214; Bilder der Damia und Auxesia in I 511.
Epidemiurgen, Aufsichtsbeamte für die Colonien von Korinth I 447, II 351.
Epikrates, Athener II 149.
Epikrates, attischer Redner III 170 f.
Epikydes, Athener II 66.
Epilykos, Athener III 198.
Epimelet der öffentlichen Einkünfte in Athen II 224.
Epimelides, Koronäer III 332.
Epimenides, Seher aus Kreta I 160, 170, 305 f., 460, 500.
Epipolai, Hochfläche bei Syrakus II 542, 637 ff., 645, 652.
Epirus, s. Epeiros.
Episkopoi, attische Commissarien in den Bundesstaaten II 239.
Epistaten, öffentliche Bauvorsteher in Athen II 225.
Epistoleus, Amt des Unteradmirals in Sparta II 766.
Epiteles, argivischer Feldherr III 331 f.
Epos, Epischer Cyclus I 355; böotisches Epos I 355, 527; homerisches s. Homer.

Erasinides, attischer Feldherr II 753, 765.
Erasinos, Fl. in Argos I 148.
Eratos, K. von Argos I 233.
Eratostheues, Einer der Dreifsig III 24, 33, 44, 109.
Eratosthenes, alexandrinischer Gelehrter I 139.
Erbrecht, attisches I 323.
Erdkunde, Anfänge der I 490.
Erechtheion, auf der Akropolis zu Athen II 319, 333, 750, III 532.
Erechthiden, attisches Königsgeschlecht I 282 f., 290.
Eresos, St. auf Lesbos II 422.
Eretria, St. auf Euboia, in Fehde mit Chalkis I 230, 256, 411; Eretrier auf Kerkyra I 413; aus Kerkyra verdrängt I 256; Peisistratiden in I 341; unterstützt den ionischen Aufstand I 609; Perser gegen II 12; von Persien genommen II 13, 26; attische Kleruchen in II 181, 249; von Theben angegriffen III 464; Tyrannis in III 590. — Cult der Artemis in I 98; Colonien von I 410 f.; Industrie von I 408.
Erginos, Argonaut I 75.
Ergokles, attischer Feldherr III 202.
Erichthonios, attischer Heros I 282, 386, II 75, 319.
Erichthonios, troischer Dämon I 68.
Erigon, Fl. in Makedonien III 394 f.
Erineos, St. in Doris I 97.
Erinyen, in Athen verehrt I 289, 300, 305, II 158, 405, III 538.
Eros, in Athen verehrt I 353.
Erymanthos, Fl. in Arkadien III 323.
Erymanthos, Geb. zwischen Elis und Arkadien I 152.
Erysichthon, Kekropide II 122.
Erythrai, St. in Ionien. Gründung I 716; Lykier, Kreter und Karer in I 41; in Fehde mit Milet I 230; im ionischen Aufstande I 615; Griechen bei II 90; im attischen Bunde II 239; fällt von Athen ab II 671, 679, 682. — Melkardienst in I 114; Mundart von I 223.
Eryx, Berg und St. in Sicilien. Elymer am I 429, II 560; Heiligthum der Aphrodite auf II 610.
Eryximachos, Herodikos' S., attischer Arzt III 523.
Erzguss, Erfindung des I 517; in Korinth I 254.

Erziehung, hellenische I 480 f.; attische I 324; spartanische I 180; kretische I 158.
Esarrhaddon, K. von Assyrien I 404.
Eteobutaden, attisches Priestergeschlecht III 649.
Eteokreter, eingeborne Bevölkerung von Kreta I 62.
Eteonikos, spartanischer Feldherr II 765.
Etesien, Nordwinde I 13, II 392.
Etrusker, unterwerfen die tyrrhenischen Städte II 525; Münzen der II 552.
Euagoras, K. von Cypern, gelangt zur Herrschaft II 753; und Konon III 158 f.; im Kriege mit Persien III 194, 209 ff.; und Athen III 201, 203, 218 f.; als persischer Vasall III 212. — Münzen des III 427.
Euainetos, spartanischer Feldherr II 65.
Euangelos, Sklave des Perikles II 228.
Euboia, Ionier in I 58; Auswanderungen aus I 110; im Kriege mit Athen I 376; Handelsverkehr mit Kerkyra I 413; in den Perserkriegen II 12 f., 71, 81, 90; attische Kleruchen in II 176, 181, 249; von Athen verloren II 717; spartanische Harmosten in III 6; im korinthischen Kriege gegen Sparta III 175; im Bunde mit Theben III 311; im neuen attischen Bunde III 450, 464; in demosthenischer Zeit III 589 ff., 640, 664, 678 f., 710. — Cult des Melkar in I 49; Produkte von I 4, II 261; Purpurfischerei bei I 36; euböisches Goldtalent I 312. — s. Chalkis, Eretria.
Euboïs, Stamm von Thurioi II 253.
Eubulides, attischer Archont III 216.
Eubulides, Sokratiker aus Milet III 493, 562.
Eubulos, Spintharos' S., attischer Staatsmann III 570; innere Politik III 487 ff., 593, 606, 610 f., 691; öffentliche Stellung III 586, 647, 692; Friedensantrag des III 470; und Aischines III 606 f., 657; und Demosthenes III 588; und Xenophon III 498.
Eubulos, attischer Komödiendichter III 531.
Eucheir, Thonbildner in Korinth I 254.
Eudamidas, spartanischer Feldherr III 239.
Eudoxos, Gelehrter aus Knidos III 524 f., 795, 547, 747.

Euetion, attischer Feldherr II 591.
Eugrammos, Thonbildner in Korinth I 254.
Eukleides, attischer Archont III 42; Reformen unter ihm III 45 ff., 755.
Eukleides, Sokratiker aus Megara III 493.
Eukleides, attischer Bildhauer III 540.
Eukles, attischer Feldherr II 455 ff.
Eukrates, attischer Demagog II 413, 524.
Eukrates, Bruder des Nikias, Athener II 626, III 19.
Euktemon, Astronom in Athen II 273, 551.
Euktemon, Athener III 566 ff.
Eumaros, Maler in Athen II 300.
Eumelos, Bakchiade, Dichter aus Korinth I 255 f., 528, II 530.
Eumolpidas, Thebaner III 271.
Eumolpiden, Poseidonpriester in Eleusis I 252, 268.
Euneos, Iason's S. I 75, 123.
Eunomos, Athener aus Thria III 216, 511, 560.
Euoras, Berg in Lakonien I 153.
Eupalinos, Naustrophos' S., Baumeister aus Megara I 582.
Eupatriden, Adelsklasse in Attika I 287, 289, 293 f., 299 f., 307, 315, 327, 333, 345, 364.
Euphemiden, minysches Geschlecht I 438; in Kyrene I 439.
Euphemos, Argonaut I 75, 162.
Euphemos, Athener II 635.
Euphiletos, Athener II 626, 533.
Euphorion, Arkader I 248.
Euphorion, Aischylos' S., dramatischer Dichter in Athen III 61.
Euphraios, Platoniker III 415.
Euphranor, Maler aus Korinth III 541.
Euphron, Sikyonier III 357.
Eupolia, Gemahlin K. Archidamos' von Sparta III 152.
Eupolis, attischer Komödiendichter II 297, 488, 606, 682, III 106.
Euripides, Athener III 214.
Euripides, Mnesarchos' S., attischer Tragödiendichter III 65 ff., 84; in Makedonien II 774, III 410. — Bedeutung des III 86; und das Satyrspiel III 87; und Alkibiades II 606; und Sokrates III 116.
Euripos, Meerenge bei Euboia I 408.
Eurotas, Fl. in Lakonien I 10, 87, 163.

Euryalos, Höhe bei Syrakus II 637, 645.
Eurybatos, Verräther des Kroisos I 563.
Eurybiades, spartanischer Feldherr II 77, 79, 86.
Eurydike, Gemahlin K. Amyntas' III von Makedonien III 411f.
Eurykles, Bauchredner in Athen III 57.
Euryleon, Aegide I 196.
Eurylochos, Larissäer III 96.
Eurylochos, Makedonier III 613.
Eurylochos, spartanischer Feldherr II 456.
Eurymachos, Leontiadas' S, Thebaner II 381 f.
Eurymedon, Thukles' S., attischer Feldherr II 412 f.; bei Kerkyra II 448, 472; in Böotien II 453; bei Pylos II 459 f.; in Sicilien II 556, 559, 648, 653 f.
Eurymedon, Fl. in Pamphylien. Schlacht am II 137.
Eurynomos, Dämon I 499.
Eurypon, K. von Sparta I 168.
Eurypontiden, spartanisches Königsgeschlecht I 165, 167.
Euryptolemos, Peisianax' S., Athener II 600, 763 f.
Eurysthenes, K. von Mykenai I 106, 165, 168, 174.
Eutaia, St. in Arkadien III 325.
Euthydemos, attischer Feldherr II 591, 648.
Euthykles, Athener III 581.
Euthykles, Spartaner III 353.
Euthykrates, Olynthier III 604, 654.
Euthykrates, Phokeer III 433.
Euthymos, Heros I 444.
Euthynos, Thespier III 369.
Euxenos, Phokäer I 433, 442, 444.
Euxenos, spartanischer Feldherr III 177.
Euxitheos, Eleer III 639.
Exegeten, Ausleger des heiligen Rechtes in Athen I 469.
Exetasten, attische Behörde III 478.
Exopolis, St. in Russland I 401.

Fackellauf, im Keramcikos zu Athen I 351, II 329.
Feste, Bedeutung der I 482; von Delphi überwacht I 474. — in Athen I 284, II 190, III 474 (s. Dionysien, Panathenäen u. s. w.); Vertheilung von Lebensmitteln II 214; Festgelder II 151, 215, III 213, 488 f., 593, 692. — s. Spiele.

Finanzen, attische, im fünften Jahrhundert II 224, 240 f., 247, 816, 331, 370 f., 674; im vierten Jahrh. III 49, 213 ff., 280, 282, 478, 488, 691. — s. Schatz, Schatzung, Schatzämter.
Flötenspiel, in Athen II 189, III 81; in Böotien III 254.
Flotte. Gründung der attischen durch Themistokles II 31 f., 800; unter Perikles II 232, 389; unter Aristophon III 468; in demosthenischer Zeit III 571 f., 688 ff. — peloponnesische (spartanische) II 365, 429, 747.
Fünfkampf, Canon der Kampfarten I 217, 476 f.

Gallien. Colonien in I 433 f.
Gambreion, St. in Aeolien III 145.
Gamoren, Grundbesitzer in Syrakus II 511.
Gargaphia, Quelle bei Plataiai II 91 f.
Gargaros, St. in Troas II 422.
Gauanes, Temenide in Makedonien III 786.
Gaulos, Insel im sicilischen Meere II 518.
Gedrosier, persisches Volk II 44.
Gela, Fl. in Sicilien I 427.
Gela, St. in Sicilien. Gründung I 427; gründet Akragas I 428; unter Tyrannen II 507 ff.; wird Republik II 542; und Athen II 636, 650. — Demeterdienst in I 452.
Geld. Erfindung des Geldes I 229, 640; in Vorderasien I 228; spartanisches I 182; in Athen eingeführt I 311. — Tempel als Geldinstitute I 488. — s. Münzen.
Geleonten, attische Phyle I 288, 364.
Gelon, Tyrann von Gela und Syrakus II 510 ff., 825; siegt bei Himera II 521 ff.; vergröfsert Syrakus II 537 f., 649; Tod II 524. — Weihgeschenk des in Delphi II 529; und die Kunst II 532.
Geloner, Volk in Russland I 443.
Genneten, attische Altbürger I 307.
Geographie s. Erdkunde.
Geomoren, Volksabtheilung in Attika I 287, 295; in Samos I 577.
Gephyräer, in Attika I 95, 255, 359; in Böotien I 79.
Geraistos, St. in Euboia III 762.
Gerancia, Berg in Megaris II 168.
Gerenor, Spartaner III 349.

Gergithier, karischer Stamm in Troas I 67, 546; in Milet I 545.
Gerichte, in Athen I 321, II 216 f., 248, 260, 818, III 214, 476, 647. — s. Areopag, Diäteten, Epheten, heliastische Gerichte, Sold.
Geronten, im homerischen Epos I 131, 135; spartanische s. Gerusia.
Geronthrai, St. in Lakonien I 169.
Gerste. Ertrag der als Mafsstab der solonischen Schatzung I 316.
Gerusia, Rath der Alten in Sparta I 173, 193, 205, III 126.
Geschichtschreibung, unter priesterlichem Einfluss I 494; ionische II 262 ff.; sicilische II 515; böotische III 381; attische III 519 ff. (s. Herodot, Thukydides, Xenophon).
Geschlechter, attische I 287, 645, 306; Geschlechtsverbände durch Kleistheues aufgelöst I 365 f.; Priesterthümer der I 452. — s. Aristokratie, Eupatriden.
Geschworenengerichte s. Heliastische Gerichte.
Gesetze, attische: des Drakon I 296; des Solon I 308 f.; Aufzeichnung der solonischen I 327; Revision der II 772, III 46; Aufbewahrung der II 161. — des Lykurgos I 171 f.; des Zaleukos I 535 f.; des Charondas I 536. — s. Recht.
Geten, thrakischer Volksstamm I 595.
Gewerbe, in Athen den Bürgern verbotene I 325.
Gewicht, assyrisch-babylonisches I 228. — s. Mafse und Münzen.
Gitiadas, Künstler aus Sparta I 516.
Glaukias, Bildhauer aus Aigina I 521.
Glaukon, attischer Feldherr II 350.
Glaukos, Meergott I 75, 78.
Glaukos, Künstler aus Chios I 516.
Glaukos, Fürst der Lykier I 121.
Glaukos, Spartaner I 472, II 55.
Glisas, St. in Böotien I 86.
Gobryas, Perser II 40.
Götter. Herkunft der griechischen I 43; ionische I 50; zwölf amphiktyonische I 102; bei Homer I 132; Götterbilder I 510 f.; fremdländische III 56. — s. Religion.
Gold, im homerischen Epos I 136; in Lydien I 66; vom Pontos I 397; in Thrakien III 424 f. — Goldwährung in Vorderasien I 228; in Athen I 312; in Persien I 591.

Gomphoi, St. in Thessalien I 93.
Gongylos, Eretrier II 117. — Nachkommen des III 145.
Gongylos, Korinther II 644.
Gordias, Kypselide in Ambrakia I 265, 274.
Gordion, St. in Phrygien II 742.
Gordios, K. von Phrygien I 65.
Gorgias, Redner aus Leontinoi II 544, 554f., III 339, 513f.
Gorgidas, Thebauer III 260, 263, 267, 271.
Gorgopas, spartanischer Harmost III 202.
Gorgos, Messenier I 202.
Gorgos, K. von Salamis auf Cypern I 611.
Gortys, St. in Arkadien I 154.
Gortys, St. in Kreta I 154, 161.
Gräber, in Lykien I 73; in Lydien I 555; in Mykenai I 127; in Attika I 325; in Marathon II 26 f.
Gräker, Gesammtname der Hellenen I 92, 415, 450.
Gräkoitaliker I 18.
Gräkolibyer I 413.
Grammatik, als Unterrichtsgegenstand in Athen II 188; von Sophisten betrieben II 271 f.
Gras, äolischer Heros I 113.
Griechen s. Hellenen.
Griechenland s. Hellas.
Gryllos, Xenophon's S., Athener III 498.
Gryneion, St. in Aeolis I 465, III 17.
Gumata, Perser I 588.
Gyges, K. von Lydien I 544f , 661, 563, II 5. — Weihgeschenke des in Delphi I 458, 547.
Gylippos, Kleandridas'S., spartanischer Feldherr III 124; in Unteritalien II 613; in Sicilien II 644ff.
Gylon, Athener III 551 f.
Gymnasien, Bedeutung der I 480 f ; in Sparta I 176; in Athen II 189, 316, III 745.
Gymnastik I 476 f, 512, II 52; in Kreta I 476; in Sparta I 180, 476; in Athen I 479, II 188, III 473. — und die Kunst I 519, 522.
Gymnopädien, Fest in Sparta I 197, II 588, III 309.
Gynaikonomen, attische Behörde II 161.
Gytheion, Hafenstadt in Lakonien I 162, 166, 173, 367, 687, III 329.

Hagnon, Nikias' S., attischer Feldherr, im samischen Kriege II 238; gründet Amphipolis II 254; als Admiral II 395; Thätigkeit in den Hetärien II 608; einer der Probulen II 676. — H., Ankläger des Perikles II 378, 822.
Haimon, Bach in Böotien III 716.
Haimos, Geb. in Thrakien I 7, 400, III 390.
Haliakmon, Fl. in Makedonien III 390, 394 f.
Haliartos, St. in Böotien I 79; Schlacht bei III 172.
Halieis, St. in Argolis II 168.
Halikarnassos, St. in Karien, Gründung I 114; Dorier in I 161; ionischer Charakter von II 263 f., 817; colonisirt Naukratis I 407 ; unter Dynasten II 265, III 466; im attischen Seebunde II 817; Alkibiades bei II 725.
Halirrhotios, Poseidon's S. I 282.
Halonnesos, Insel im thrakischen Meere III 641, 663, 667 f., 680.
Halos, St. in Thessalien III 615, 621.
Halys, Fl. in Kleinasien I 31, 553, II 185.
Hamaxitos, St. in Troas I 68.
Hamilkar, Mago's S., Karthager II 520f.
Handel, der Phönizier I 35; im homerischen Epos I 136; von Ionien I 229; von Athen II 258f.; von den Festversammlungen begünstigt I 487.
Hannibal, karthagischer Feldherr II 664, 742.
Hanno, Karthager II 520.
Harmodios, Athener, Mörder des Hipparch I 359; Denkmal des I 380.
Harmosten, spartanische III 6 ff., 750, 183, 242.
Harpagos, Perser, Feldherr des Kyros I 562, 567, 571.
Hasdrubal, Mago's S., Karthager II 521.
Hebros, Fl. in Thrakien III 390 f.
Heerwesen s. Kriegswesen.
Hegemon, Athener III 644.
Hegesilaos, attischer Feldherr III 371.
Hegesippos, Athener aus Sunion III 649, 652, 663, 668 f., 679.
Hegesistratos, Peisistratos' S., Athener I 346.
Heiliger Krieg, des Kleisthenes gegen Krisa I 245 f., 308, 328; gegen Phokis II 178, III 434 ff.

Heilkunde II 272, 523 f.
Hekataios, Hegesandros' S., Geschichtschreiber in Milet I 607 f., 614, II 263.
Hekatombaion, attischer Monat I 352.
Hekatomnos, Dynast in Karien III 210, 466.
Hekatompedon, durch Peisistratos erbaut I 352; durch Perikles erneuert II 320 ff. — s. Parthenon.
Hektemorioi, halbfreier Stand in Attika I 295.
Hektor, Priamos' S., Troer I 69.
Heliaia s. Heliastische Gerichte.
Heliastische Gerichte in Athen I 318, 321. 369, II 216 f; Sold II 433; durch die Oligarchen aufgehoben II 795, III 13; durch Thrasybul wiederhergestellt III 46.
Helike, St. in Achaja I 108, 533, III 316 f.
Helikon, Geb. in Böotien I 9, 58.
Heliotropion, astronomisches Instrument II 273.
Helisson, Fl. in Arkadien III 321.
Hellanikos, Geschichtschreiber aus Lesbos II 267.
Hellanodiken, Kampfrichter in Olympia I 217; Schiedsrichter zwischen den Bundesstaaten des Peloponnes I 219.
Hellas, ältestes um Dodona I 92; Bildung des eigentlichen I 451. — griechische Sprache I 16 ff.; Mundarten I 23 ff.
Hellen, Stammheros der Hellenen I 104, 451.
Hellenen, Abstammung I 16; Name I 21, 104; Körperbeschaffenheit I 25; und Pelasger I 28; in der mosaischen Völkertafel I 41; Einheit der I 450.
Hellenion, Heiligthum in Naukratis I 407.
Hellenokrates, Larisäer III 338.
Hellenoskythen I 443.
Hellenotamien, eingesetzt II 123; in Athen II 217, 332; aufgehoben III 13.
Hellespont, Völker am I 32; Bedeutung für Athen I 343; Milesier in I 395; von Xerxes überbrückt II 46 f., 106, 801. — hellespontischer Steuerbezirk des delischen Bundes II 243.
Helloi (Selloi), Zeuspriester in Dodona I 92.
Hellopia, Name für Euboia I 58.
Hellopias, Landschaft um Dodona I 92.
Heloros, St. und Fl. in Sicilien II 508, 658.

Helos, Seestadt in Lakonien I 177, III 329.
Heloten, in Sparta I 177, 180; von Pausanias aufgewiegelt II 134; Aufstand der II 141; von Brasidas zum Kriegsdienst aufgeboten II 479, 501, 565; in Pylos II 580; Aufstand unter Kinadon III 156.
Hemeroskopeion, St. in Spanien I 435.
Heniochoi, thebanische Truppe III 271.
Hera, bei Homer I 132. — Verehrung in Argos I 132, 150; in Samos I 576 (s. Heraion). — Hera Lakinia I 425.
Heraia, St. in Arkadien III 315, 323 f., 325.
Heraion, Heraheiligthum bei Mykenai I 150; in Samos I 487, 509, 518, 576, 582; in Kerkyra II 448; bei Epidauros II 583 f.
Herakleia, St. am Oeta. Gründung II 452; im peloponnesischen Kriege II 455, 678; die Bürger von Sparta vertrieben III 151 f.; den alten Einwohnern zurückgegeben III 176, 339; im Bunde mit Theben III 311; von Iason genommen III 343; Tyrannis in III 546 f.
Herakleia, St. am Pontos III 459.
Herakleides, syrakusanischer Feldherr II 634.
Herakleides, Mörder des Kotys III 547.
Herakleion, bei Kynosarges III 490; bei Marathon II 21; in Theben III 382.
Herakleios, Fl. in Phokis I 413.
Herakleitos, Philosoph aus Ephesos, am Hofe des Dareios II 41; Lehre des II 195, 199, III 101, 801; Gegner der Demokratie II 209; und die Religion II 326; Sprache des II 276 f.
Herakles, Ursprung aus Phönicien I 49 f. (s. Melkar); Verbreitung des Cultus I 55; und die Perseiden I 86; lydischer I 66. — Verehrung bei den Doriern I 96; in Elis I 211; in Theben III 264, 382; in Trachis I 101. — s. Herakleion.
Herakliden, in Thessalien I 96; Rückkehr der Herakliden I 105, 138, 143 f.; in Sikyon I 149, 239; in Argolis I 231 f.; in Lydien I 543 f.; in Illyrien und Makedonien III 399. — und Dorier I 156; und Pelops I 210.
Herippidas, Spartaner III 152.
Hermen, als Meilensteine I 349; Hermenfrevel in Athen II 616 ff., 625 ff., 677.

Hermes Agoraios II 799.
Hermesileos, attischer Proxenos in Chios II 269.
Hermione (Hermion), St. in Argolis I 88; in den Perserkriegen II 64, 90, 154; von Argos unterworfen II 154; im peloponnesischen Kriege II 394; unterstützt Sparta gegen Theben III 335.
Hermippos, attischer Komödiendichter II 374, 378, 387, 464.
Hermodike, Gemahlin K. Midas' von Phrygien I 543.
Hermodoros, attischer Buchhändler III 518.
Hermodoros, Ephesier II 199, 209.
Hermokrates, Hermon's S., Syrakusaner. Führer der aristokratischen Partei II 557 f.; befestigt Syrakus II 633 f.; in Kamarina II 634 f.; während der Belagerung von Syrakus II 640. 649, 661; im dekeleischen Kriege II 686; mit der Flotte in Kleinasien II 711; abgesetzt II 741 f.
Hermon, Athener II 716.
Hermon, spartanischer Steuermann III 123.
Hermos, Fl. in Kleinasien I 6, 66.
Herodas, Syrakusaner III 160.
Herodikos, Arzt aus Selymbria III 473, 523.
Herodotos, Geschichtschreiber aus Halikarnass. Leben II 263 ff.; in Athen II 817; in Thurioi II 253; bricht sein Werk ab II 451; Charakter seines Werkes I 57, II 98 f., 276, 804; Sprache II 817; und Thukydides II 279; und Perikles II 266.
Heroensage I 54 ff.
Hesiodos, Dichter aus Kyme I 498, 527 f.; Aufzeichnung seiner Dichtungen unter Peisistratos I 355; seine Dichtungen als Unterrichtsgegenstand III 59.
Hesperides, St. in Cyrenaika I 439, III 314.
Hesperien, s. Italien.
Hestiaiotis, Landschaft in Thessalien I 96.
Hetären II 60, 204, 256, III 490.
Hetärien, politische Klubbs in Athen, zur Zeit der Perserkriege II 16; zur Zeit des peloponnesischen Kriegs II 415, 435, 606 ff., 667.
Hetoimaridas, Spartaner II 119, 367.
Hexameter, Erfindung des I 526.

Hierax, Amphipolitaner III 422.
Hieromnemonen, amphiktyonische Behörde I 474, III 697.
Hieron, Tyrann von Syrakus. Zeit des II 827; in Gela II 512; in Olympia II 131, 529, 807; gewinnt Syrakus II 524; Kriegszüge des II 526 f.; Stadtgründungen des II 525 f.; Hof des II 535 f.; und Pindaros II 537; und Mikythos II 543.
Hierophon, attischer Feldherr II 456.
Hieropöen, Opferbehörde in Athen I 459.
Himera, St. in Sicilien. Gründung I 412, 430, II 509; Dialekt II 505; von Theron von Akragas gewonnen II 515; Sieg des Gelon über die Karthager bei II 521 ff.; und Athen II 631; von den Karthagern zerstört II 664, 742.
Himersion, St. in Thrakien II 591.
Hippagretes, Reiterführer in Sparta I 204.
Hipparchos, Peisistratos' S., Athener. Verdienste um die Landescultur I 349; nach Peisistratos' Tode I 358; und Simonides II 64; ermordet I 359.
Hipparchos, Charmos' S., Athener I 372.
Hipparete, Gemahlin des Alkibiades II 602 f.
Hippasos, Phliasier I 149.
Hippias, Peisistratos' S., Athener I 341, 352; als Tyrann I 358 f.; gestürzt I 362; geächtet I 380; in Sparta I 381 f.; und K. Amyntas I 599; als Rathgeber der Perser I 382, 602, II 4, 13; begleitet die Perser nach Griechenland II 21, 25 f.; Tod II 38.
Hippias, Sophist aus Elis II 271, 554.
Hippias, Thasier II 523.
Hippoboten, Adelsklasse in Chalkis I 379.
Hippodameia, Statue der in Olympia I 217.
Hippodamos, Architekt und Philosoph aus Milet II 195 f., 253, 313.
Hippodrom, in Athen II 330; in Olympia I 217.
Hippokleides, Tisandros' S., Athener I 249 f., 332.
Hippokles, Athener, Einer der Dreifsig III 33.
Hippoklos, Tyrann von Lampsakos I 593.
Hippokrates, Peisistratide in Athen I 331.

Hippokrates, Ariphron's S., attischer Feldherr II 412, 475 ff.
Hippokrates, Tyrann von Gela II 507 ff.
Hippokrates, Arzt aus Kos Gründer der Heilkunde II 272, III 523 f.; in Athen II 393; in Makedonien III 408.
Hippokrates, spartanischer Feldherr II 735.
Hippomedon, K. von Mykenai I 86.
Hippomenes, attischer Archont I 292.
Hipponikos, Kallias' S., Athener II 226, 407, 453, 602 f.
Histiaia (Oreos), St. auf Euboia II 150, III 7, 342, 408.
Histiäer, in Makedonien III 408.
Histiaios, Tyrann von Milet I 593; rettet Dareios I 596 f.; erlangt Myrkinos I 599; in Susa I 600, 606; während des ionischen Aufstandes I 613 f.; belagert Thasos II 5; Tod I 617. — und Dareios II 41.
Homeros, als Phryger betrachtet I 227. — homerisches Epos: Entstehung desselben I 120 f., 136, 222; nach Sparta verpflanzt I 170, 173; Vortrag desselben in Sikyon abgeschafft I 242; Aufzeichnung durch Peisistratos I 534 f.; Popularität in Athen III 527; nationale Bedeutung I 523; Auffassung der Götter I 137; Auffassung des Jenseits I 497.
Homogalakten, in Athen I 307.
Homolion, Heiligthum auf dem Ossa I 100, 104.
Hophra, K. von Aegypten I 573.
Hopleten, attische Phyle I 258, 364.
Hopliten, attische, Theten als II 523 f.
Hyakinthien, Fest in Sparta II 89, III 189.
Hyamia, St. in Messenien I 190.
Hyampolis, St. in Phokis II 74, III 342.
Hyaten, Volksabtheilung in Sikyon I 242.
Hybla, St. auf Sicilien II 631, 636.
Hybrias, Dichter aus Kreta I 159.
Hydarnes, persischer Feldherr II 69.
Hydrea, Insel bei Argolis I 442, 585.
Hydrus, St. in Calabrien I 415.
Hyele(Elea). St. in Lukanien. Gründung I 569; Philosophie in II 193.
Hykkara, St. auf Sicilien II 631.
Hylleer, Stamm der Dorier I 105, 145, 161.
Hyllos, Herakles' S. I 105 f.
Hymaias, persischer Feldherr I 612.

Hymettos, Geb. in Attika I 281, 285.
Hymnen, Vortrag der in Athen II 190.
Hypäthraltempel I 508.
Hypanis, Fluss in Sarmatien I 401.
Hypaspisten, makedonischer Truppentheil III 419.
Hypates, Thebaner III 266.
Hypatodoros, thebanischer Bildhauer III 382.
Hypatos, thebanischer Feldherr III 347.
Hyperbolos, attischer Demagog II 501, 575, 586 f., 831.
Hypereides, Glaukippos' S., attischer Redner III 650, 807, 653, 655, 677, 810, 715, 719 f., 744.
Hypsas, Fl. in Sicilien I 428 f., II 540.
Hyria, St. in Böotien I 78.
Hyria, St. in Messapien I 415.
Hyrkanier, Volk am kaspischen Meere II 44.
Hyrnethier, Volksstamm in Argos I 151.
Hyrnetho, Temenos' T. I 156.
Hysiai, St. in Argolis II 90 f.; Schlacht bei I 233; von Argos unterworfen II 154.
Hysiai, St. in Böotien II 90.
Hystaspes, Perser, K. Dareios' Vater I 589.
Hystaspes, K. Dareios' S., Perser II 43.

Jahr, s. Kalender.
Iakchos, Cult des in Eleusis II 81.
Ialysos, St. in Rhodos. Gründung I 114, 427.
Iamiden, Nachkommen des Iamos, Apoll's Sohn, I 334.
Iaones (Ionier) I 41.
Iapygen, Volk in Unteritalien I 415, II 548, 661.
Ias, Stamm von Thurioi II 253.
Iasios, Heros I 64.
Iason I 56, 75 f., 81.
Iason, Tyrann von Pherai III 780; Pläne des III 339 f.; als Herr von Thessalien III 340 ff.; und Theben III 290, 308, 342; im neuen attischen Bunde III 291; ermordet III 344. — und Philippos von Makedonien III 429 f.; und Timotheos III 479.
Iasos, St. in Karien II 687 f.
Iatragoras, Milesier I 608.
Jauna (persisch Ionier) I 41.
Javanim, semitische Bezeichnung der Ostgriechen I 41, 58.

5*

Iberer, als Bogenschützen in Athen II 714.
Iberien. Phokäer in I 433 ff., 656.
Ibykos, Dichter aus Rhegion I 581, II 531.
Ida, Geb. auf Kreta I 62.
Ida, Geb. in Troas I 5, 67.
Idomene, Hügel in Akarnanien II 457.
Ikaria, attischer Demos I 352, II 295.
Ikkos, Tarentiner II 851.
Ikosion, St. in Mauritanien I 436.
Iktinos, attischer Baumeister II 311, 313, 321, III 533.
Ilias s. Homer.
Ilion, Küstenplätze des Namens I 70; St. in Epirus I 92. — s. Troja.
Ilissos; Fl. in Attika I 14, 283.
Illyrien, natürliche Beschaffenheit I 7; Colonien in I 414; im Kampfe mit Makedonien I 595, II 496; Illyrier von Sparta zurückgeschlagen III 249; Vermischung der Illyrier mit den Makedonern III 395; und die Lynkesten III 411.
Illyrius, Kadmos' S. III 399.
Ilos, K. der Troer I 65.
Imbros, Insel im ägäischen Meere I 600, II 250, III 195, 205, 469, 579.
Inachos, Fl. in Argos I 14, 57, 145.
Inaros, aegyptischer Feldherr I 405, II 157, 177.
Inder, im Heere des Xerxes II 43, 91.
Indien. Produkte von I 394; unter Persien I 590.
Inessa, St. am Aetna II 543, 636.
Ino, Traumorakel der am Taygetos I 162, 183.
Io, Stammmutter der Danaiden I 44, 55.
Iolaïa, Landstrich in Sardinien I 444.
Iolaïdas, Thebaner III 373.
Iolaos, Verehrung des bei den Tyrrhenern und Ioniern I 55; in Sardinien I 432; in Afrika I 436.
Iolaos, Makedoner II 352.
Iolkos, St. in Thessalien I 56, 76, 110.
Ion, K. von Athen I 62, 283.
Ion, Dichter und Geschichtschreiber aus Chios II 157, 265 f., 252, 293, III 60.
Ion, Rhapsode aus Ephesos III 527.
Ionien, natürliche Beschaffenheit I 14; Einwanderungen in I 111, 135; Colonisation von I 220; Handel von I 229; Kimmerier in I 549 f.; Aufhören der Geschichte von I 615; Philosophie in II 192 f.; Entstehung der Prosa in II 276. — und Athen II 203.
Ionier. Name I 628; Herkunft I 29, 624, 33; identisch mit den hebräischen Javanim I 41; verwandt mit den Achäern I 82; Einwanderung in das eigentliche Hellas I 58; Rückwanderung nach Asien (ionische Wanderung) I 109 f.; am saronischen Meerbusen I 88; in Achaja I 108; in Aegypten I 405; in Argolis I 231; in Attika I 58, 108, 280, 283, 388; in Libyen I 436; in Sikyon I 238. — im Kampfe mit Lydien I 547 f., 610; im Skythenzuge des Dareios I 594; im Aufstande gegen Persien I 605 f.; Ende der Geschichte der I 618. — Colonisationsthätigkeit der I 441. — Mundart der I 23, 223, 388; Philosophie der I 500 f., II 192 f.; Festfeier der in Delos I 482, 547; ionischer Baustil I 508 f., 639. — ionischer Steuerbezirk des delischen Bundes II 243; ionische Inseln I 413.
Ionisches Meer, Bedeutung des Namens I 58, 628.
Iphigeneia I 84, 354.
Iphikrates, attischer Feldherr. Politik des II 222 f., 446; im korinthischen Kriege III 186 f., 189, 201 f., 216; in Aegypten II 292; bei Kerkyra III 293; auf dem Isthmus von Korinth III 333; in Makedonien III 413, 421; am Chersonnes III 458; als Admiral III 469; angeklagt III 471; gewinnt Drys III 479. — reformirt das Heerwesen III 221 f. — und Aristophon III 462, 471; und Charidemos III 482; und Kotys III 462, 530; und Timotheos III 453.
Iphitos, K. von Elis I 210, 639, 211.
Irasa, St. in Libyen I 490.
Isagoras, Tisandros' S., Athener, an der Spitze der Adelspartei I 362 f.; und K. Kleomenes I 372 f.; als Archont I 373, 384.
Isaios, attischer Redner III 17; und Demosthenes III 555, 561.
Isarchos, attischer Archont II 826.
Ischagoras, spartanischer Feldherr II 496.
Ischia, Insel im tyrrhenischen Meere II 527.
Ismenias, Thebaner III 35.

Ismenias, thebanischer Feldherr III 178, 239 f., 244.
Ismenias, Thebaner, Freund des Pelopidas III 346, 353 f.
Ismenos, Fl. in Böotien I 79.
Isokrates, attischer Redner. Wirksamkeit III 509 ff., 518; politische Stellung III 545 f., 585; Tod III 734, 815.
— — Rede für die Platäer III 294; an Philippos III 643 ff. — und Demosthenes III 561, 733 f.; und Iason von Pherai III 339; und Timotheos III 451, 539. — und die Geschichtschreibung II 519; und die Poesie III 527. — Denkmal des III 539.
Isotelie der Metöken in Attika III 34.
Isthmien, Fest auf dem Isthmos I 479; Gründung I 478; unter ionischem Einfluss I 276; Messen an den I 483.
Isthmos von Korinth. Bevölkerung des I 238; Fahrbahn (Diolkos) auf dem I 253, 261; Messen I 483; Bundesrath auf demselben während der Perserkriege II 61; Mauern des III 186 f.; isthmische Spiele s. Isthmien.
Istone, Berg auf Korkyra II 449.
Istros (Donau), Fl. im Skythenlande I 595, 597.
Istros, St. an der Donaumündung I 400.
Italia, Themistokles' T., Athenerin II 519.
Italien. Dardaner in I 221; Verkehr mit Griechenland I 412 f.; griechische Colonien in I 417 f., 445, II 546 ff.
Italiker. Abstammung I 16; Abtrennung von den Griechen I 32; in Epirus I 91; und Gräker I 415.
Itanos, St. auf Kreta I 61, 436.
Ithaka, Insel im ionischen Meer I 131, 135, 412.
Ithome, Berg u. St. in Messenien III 330; Heiligthum des Zeus in I 146, 189; Messenier in I 190, II 153, 173.
Iuna, persischer Name der Ionier I 41, 592.

Kabalen, Volk in Afrika I 443.
Kabiren, Cult der in Samothrake I 50.
Kadmeer, Auswanderung nach Kleinasien I 111; in Lakonien I 163; am Euripos I 408.
Kadmeia, Burg von Theben I 79, III 240 f., 268.
Kadmeonen, Nachfolger des Kadmos I 79 f.

Kadmos I 43, 56, 79, 81.
Kadmos, Skythes' S., Koer, in Zankle II 516, 825.
Kadmos, Geschichtschreiber aus Milet II 263.
Knikos, Fl. in Mysien I 6.
Kalamis, Bildhauer in Athen II 305, 529.
Kalauria, Insel bei Argolis I 88, 98, III 292.
Kalchas I 455.
Kale Akte, St. in Sicilien. Gründung II 553.
Kalender, unter dem Einfluss von Delphi I 103, 308, 473; olympischer I 218; attischer I 308, 326; von Meton verbessert II 274; in Kyzikos I 446.
Kalidna, Insel im ägäischen Meere I 114.
Kallaischros, attischer Architekt I 357.
Kallaischros, Oligarch in Athen II 714.
Kalliades, Athener III 16.
Kallias, Habron's S., Athener III 693.
Kallias, Hipponikos' S., Athener II 126, 181, 183 f., 307, 407, 563.
Kallias, Hipponikos' S., Athener II 407.
Kallias, Hipponikos' S., Athener III 294 f.
Kallias, Kalliades'S., attischer Feldherr II 353.
Kallias, Phainippos' S., Athener I 341, II 407.
Kallias, Mnesarchos' S., Tyrann von Chalkis III 590, 665, 678 f.
Kallibios, spartanischer Feldherr III 14.
Kallibios, Tegeat III 325.
Kallidromos, Geb. in Phokis II 67, III 704.
Kalligeitos, Megareer II 671.
Kallikles, Sophist III 99.
Kallikrates, attischer Baumeister II 232, 321.
Kallikrates, attischer Demagog II 813.
Kallikratidas, spartanischer Admiral II 754 ff., III 8, 128.
Kallimachos, Athener aus Aphidna, Polemarch II 21 f., 303.
Kallimachos, attischer Baumeister III 533 f.
Kallinos, Dichter in Ephesos I 549.
Kallirrhoe, Quelle in Athen I 348, 350.
Kallisthenes, attischer Feldherr III 596.
Kallisthenes, attischer Redner III 650.
Kallistratos, mit Beinamen Paroytes oder Parnope, Athener II 220.
Kallistratos, aus Aphidnai, attischer Redner. Politik und öffentliche Stel-

lung III 280, 293 ff., 446 f., 450, 452 ff., 459, 461; gründet den neuen Seebund III 281; Führer der Bundesflotte III 282; in der Friedensverhandlung mit Sparta III 287; Mitfeldherr des Iphikrates III 292; in Thrakien III 425; angeklagt III 458, 555; verbannt III 460. — und Timotheos III 292, 453.

Kallixenos, Athener II 762 f., 772, 838.

Kallon, Bildhauer aus Aigina I 521.

Kallynterien, Athenafest in Athen II 333.

Kalybe, St. in Thrakien III 682.

Kalydon, St. in Aetolien III 190, III 357.

Kalymna, Insel im ägäischen Meere II 264.

Kamarina, St. auf Sicilien. Gründung I 429, II 511; zerstört II 508; wiederhergestellt II 554; und Syrakus II 558, 635, 650.

Kambunische Berge, zwischen Thessalien und Makedonien III 388, 394.

Kambyses, Kyros' S., K. von Persien, im Kriege mit Aegypten I 574 f., 557; im Bunde mit Polykrates I 583.

Kameiros, St. in Rhodos. Gründung I 114, 427.

Kammys, Tyrann von Mytilene III 470.

Kanachos, Bildhauer aus Sikyon I 520, II 304.

Kandaules, K. von Lydien I 544.

Kantharos, Theil des Peiraieus II 313 f.

Kaphisias, Polymnis' S., Thebaner III 258, 266.

Kaphisodoros, Thebaner III 260, 266.

Kappadokier, Volk in Kleinasien. Verkehr mit Sinope I 399; im Heere des Xerxes II 45.

Kapri, Insel bei Campanien I 417.

Kapys, K. der Troer I 68.

Karaitos, St. auf Kreta I 61.

Karanos, Temenide aus Argos I 233, 598, III 400 f.

Kardia, St. auf dem thrakischen Chersonnes II 729, III 440, 465, 484, 581, 670 f.

Karer. Herkunft I 31; ein Mischvolk I 38, 45; Seezüge I 393; in Hellas I 55; in Attika I 280; in Asien I 395; in Aegypten I 405; in Afrika I 436. — von Minos bezwungen I 62; in Feindschaft mit den ionischen Ansiedlern I 220 f., 545; von Harpagos bezwungen II 571; im Aufstande gegen Per-

sien I 608, 612, 617; unter Dynasten III 466 f., 582. — als Söldner III 220. — s. Karien.

Karien, Landschaft in Kleinasien, lelegische Bauwerke in I 45; als Bundesstaat I 150; Mantik in I 457; karischer Steuerbezirk des delischen Bundes II 243. — s. Karer.

Karkinos, dramatischer Dichter in Athen III 62.

Karnasiou, Hain in Messenien III 332.

Karneen, Apollofest in Sparta I 196, 518, II 26, 68, 579, 831.

Karneios, Festmonat in Sparta III 191.

Karphinas, Akarnane III 744.

Karthager, in Sicilien I 429, II 518 ff., 664; in Sardinien und Korsika I 431 f.; und Syrakus II 636.

Karyai, St. in Lakonien I 152, III 351.

Karyatiden II 819.

Karystos, St. auf Euboia, in Fehde mit Milet I 230; von den Persern genommen II 12 f.; Themistokles bei II 103; im delischen Bunde II 128; attische Kleruchen in II 181, 249; von Theben angegriffen III 464.

Kasmenai, St. in Sicilien. Gründung I 429, II 511.

Kassandra, Priamos' T. I 68, 465.

Kassotis, Quelle in Delphi I 243, 466.

Kastalia, Quelle in Delphi I 243, 466, 471.

Kastoreia, Halbinsel von Makedonien III 394.

Katane, St. in Sicilien. Gründung I 421; Gesetzgebung des Charondas I 536; Auflösung der Gemeinde II 528; Rückkehr der alten Bewohner II 543; und Athen II 554; von Alkibiades besetzt II 624.

Kaukasos, Völker am I 402.

Kaukon, messenischer Heros III 332.

Kaukonen, an der Westküste von Hellas I 45; in Attika I 286.

Kaunier, Volk in Karien I 51, 57, 611.

Kaunos, St. in Karien. Konon in III 182.

Kaystros, Fl. in Lydien I 6, 220, 392.

Kebes, Philosoph aus Theben III 257 f.

Kebrener, Volksstamm in Troas I 67.

Kekropia, alter Name für Athen I 282.

Kekropiden, attisches Königsgeschlecht I 290.

Kekrops, K. von Athen I 139, 280; angebliche Herkunft aus Aegypten I

REGISTER. 71

57; Grab des II 319. — K. von Böotien I 95.
Kekryphaleia, Insel bei Aegina II 168.
Kelten, als Söldner des Dionysios III 351.
Kenchreai, St. bei Korinth III 177.
Kenturipai, St. in Sicilien II 636.
Keos, Insel im ägäischen Meere II 50, 243, 259.
Kephallenen, Stamm der Leleger I 111, 131, 416.
Kephallenia, Insel im ionischen Meere. Aeolier in I 81; Verkehr nach Westen I 412; in den Perserkriegen II 90; im Bunde mit Athen II 371, 388; Messenier vertrieben aus III 7, 151.
Kephalos, attischer Redner III 204, 267, 446 f.
Kephalos, Syrakusaner II 261, 817.
Kephisia, attischer Demos I 367, II 22.
Kephisios, Athener III 111 f.
Kephisodotos, attischer Bildhauer III 288, 535.
Kephisodotos, Athener III 456, 463, 580.
Kephisophon, attischer Feldherr III 679, 810, 685.
Kephisos, Fl. in Attika I 281.
Kephisos, Fl. in Böotien I 9, 97, III 709.
Kepoi, Ort am kimmerischen Bosporos III 551.
Kerameikos, Stadttheil in Athen III 315; Anbau unter Peisistratos I 353; Bauten im II 317; Markt des I 348; Fackellauf im I 351; Gräber im II 146, 169, 316, 402, III 316; Denkmäler im III 541.
Kernon, spartanischer Heros I 168.
Kerdylion, Burghöhe bei Amphipolis II 499.
Kerkyra, Insel im ionischen Meere. Bedeutung von I 413; und Korinth I 256, 259, 264, 344 ff., 414; im Perserkriege II 64; und Athen II 347 f., 371, 446 ff., 472, 652; im neuen attischen Bunde III 285; von Sparta angegriffen III 289, 291; Iphikrates bei III 293; tritt aus dem attischen Bunde III 463; im Bunde gegen K. Philippos III 679, 710. — Colonien von I 414 f.; Thonwaaren von I 427; Phaiakensage in I 523.
Kersobleptes, Kotys' S., Thraker III 463, 465, 484, 579 ff., 618.
Kilikien, von den Phöniziern besetzt I 38; Dardaner in I 221; Rhodier in I 427; als persische Provinz I 592; fällt von Persien ab III 211.
Kilikier, bei Salamis II 81.
Kilix I 56.
Killikyrier, Volksklasse in Syrakus II 511.
Kimmerier, Volk an der Nordküste des Pontos. Züge nach Asien I 403, 549 f., 661.
Kimon, genannt Koalemos, Stesagoras' S., Athener I 358 f.
Kimon, Miltiades' S., Athener. Charakter und öffentliche Stellung II 118, 125 f., 145 f.; Führer der Flotte II 115, 126 f.; an der Spitze des Staates II 132; siegt am Eurymedon II 137; Gegner des Themistokles II 140: gewinnt den Chersonnes II 141; Zug gegen Thasos II 143 f.; Hilfszug nach Sparta II 153 f.; Zug nach Aegypten II 158; verbannt II 159; Rückkehr II 175; vermittelt zwischen Athen und Sparta II 176; Tod II 177. — und der delische Bund II 162; und die Kunst II 308; Bauten des II 317. — und Aischylos II 290; und Ion von Chios II 269, 282; und Perikles II 149 f., 183, 208 f.; und Polygnot II 301. — sogen. kimonischer Frieden II 184 f., 811.
Kimon, Maler aus Kleonai II 300 f.
Kinadon, Spartaner III 156 f.
Kinaithos, Hymnendichter aus Chios II 530.
Kinesias, Dithyrambendichter in Athen III 79, 83, 88, 531.
Kirke I 222.
Kirphis, Geb. in Phokis I 246, 466.
Kirrha, Hafenstadt in Phokis I 243, 246, 308.
Kissides, syrakusanischer Söldnerführer III 351.
Kissier, persisches Volk II 44.
Kithairon, Geb. zwischen Attika und Böotien I 9, 93.
Kition, St. in Cypern II 177, III 210.
Kladeos, Fl. in Pisatis III 361.
Klaros, St. in Lydien I 461, 465, 487.
Klaroten, unfreie Klasse in Kreta I 159.
Klazomenai, St. in Ionien. Gründung I 113; Mundart I 223; colonisirt Naukratis I 407; versucht eine Ansiedelung in Thrakien I 568; im peloponnesischen Kriege II 652, 686

von Persien gewonnen III 205, 209. — Münzen von I 234; Fischerei von I 399.

Kleandridas, Spartaner II 180, 226, 550.

Kleandros, Tyrann von Gela II 507.

Kleandros, Spartaner, Harmost in Byzanz III 139.

Klearchos, Spartaner II 726, 730, 735, 737, III 127; in der Arginusenschlacht II 757; Harmost in Byzanz III 6; bei Kyros III 133; in der Schlacht bei Kunaxa III 136.

Klearchos, Tyrann von Herakleia III 546 f.

Klearidas, spartanischer Feldherr II 500, 565.

Kleidemos, attischer Geschichtschreiber III 520.

Kleidung, attische I 388, II 203; dorische II 203.

Kleigenes, Akanthier III 235.

Kleigenes, attischer Demagog II 759.

Kleinasien, natürliche Beschaffenheit I 5; Stammsitz der Ionier I 30; Einwanderungen in I 109 f., 114; und die orientalischen Staaten I 542 f.; unter lydischer Herrschaft I 556 f.; unter persischer Herrschaft I 564 f. — Colonien in I 113 f.; Goldwährung in I 235.

Kleinias, Athener, Vater des Alkibiades II 37, 570.

Kleinias, Kleinias' S., Athener II 570 f.

Kleippides, attischer Feldherr II 424.

Kleisthenes, Megakles' S., Athener. Herkunft I 250, 286; Gegner der Peisistratiden I 360; an der Spitze der Volkspartei I 363 f.; seine Reformen I 366 f.; seine Ordnung des Gerichtswesens II 217; verlässt Athen I 372; Rückkehr I 374; verbannt I 376; Charakteristik I 377 f.

Kleisthenes, Tyrann von Sikyon, gelangt zur Herrschaft I 241; seine Reformen und Politik I 242 f., 271, 454; im heiligen Kriege gegen Krisa I 246; Freierversammlung bei I 247 f.

Kleitarchos, Tyrann von Eretria III 590 f., 802, 680.

Kleiteles, Korinther III 455.

Kleitor, St. in Arkadien I 154, III 322.

Kleobule, Mutter des Demosthenes III 551.

Kleobulos, Tyrann von Lindos I 499.

Kleobulos, spartanischer Ephore II 566.

Kleokritos, Mysterienherold in Athen III 52.

Kleokritos, Korinther II 94.

Kleombrotos, K. von Sparta, in Böotien III 274, 279; in Phokis III 300; bei Leuktra III 303 ff.

Kleomedes, attischer Feldherr II 593.

Kleomedes, Samier II 685, III 123.

Kleomenes K. von Sparta. Chronologie I 651, II 797; Kriegszüge nach Attika I 166, 362, 372 f., 378; und Plataiai I 375, 651; und Demaratos I 539, II 10; und Persien I 602, 609, II 9; in Aigion II 10; in Argolis I 362, II 49; Tod II 11.

Kleomenes, Spartaner, Vormund des Pausanias II 430.

Kleomenes, thebanischer Feldherr III 347.

Kleon, Kleainetos' S., Athener. Ankläger des Anaxagoras II 377; Gegner des Perikles II 387, 396; öffentliche Stellung II 432 ff.; in den Verhandlungen über Mytilene II 438 f.; in den Friedensverhandlungen II 463 ff.; bei Pylos II 467 f.; bei Amphipolis II 498 ff.; Tod II 500. — und Aristophanes II 464 f., 493 f.

Kleon, Schriftsteller aus Halikarnass III 173.

Kleonai, St. im Peloponnes I 149, 251.

Kleonymos, attischer Demagog II 500, 606.

Kleophon, attischer Demagog II 731 f., 758 f., 772, 781, 783, III 57, 112.

Kleopompos, attischer Feldherr II 395.

Kleosthenes, Pisäer I 210.

Kleostratos, Astronom aus Tenedos II 273, III 525, 795.

Kleotimos, Eleer III 639.

Kleruchen, attische II 249, 816; von den Spartanern vertrieben III 7; nach der Schlacht bei Chaironeia III 814.

Kleuas, Pelopide I 113.

Knakion, Fl. in Lakonien I 178.

Knemis, Geb. in Lokris III 704, 709.

Knemos, spartanischer Feldherr II 400, 419.

Knidos, St. in Kleinasien. Gründung I 114; Colonisationsthätigkeit I 407, 429, 431; von Persien erobert I 571; fällt von Persien ab II 685; Sieg des Konon bei III 183; im Bunde mit Rhodos III 467. — Cult der Aphro-

dite III 215. — Knidier in Sicilien II 519.
Knosos, St. auf Kreta I 61 f., 157.
Koalemos (Kimon), Athener I 358 f.
Kodros, K. von Athen. Herkunft I 286; Tod I 290; Nachkommen I 224, 290.
Königshalle in Athen III 50.
Königthum bei Homer I 123, 130; spartanisches I 165, 635, 172 f., 184, 193; attisches I 289.
Koës, Herr von Lesbos I 600.
Koiratadas, Thebaner III 141.
Koisyra, Megakles' T., Gemahlin des Peisistratos I 340.
Kolaios, Samier I 487, 518, 576.
Kolakreten, attische Finanzbehörde I 293.
Kolchis, Land am Pontos I 397.
Kolonos, attischer Demos II 704.
Kolophon, St. in Ionien I 392; Gründung I 113; Mundart von I 223; im Kriege mit Lydien I 547; im attischen Bunde II 239; wird persisch II 431; von Thrasyllos genommen II 733.
Kolotes, Bildhauer aus Paros II 336, 375.
Kombaphes, Halikarnassier, Feldherr des Kambyses I 575.
Komödie, attische: Anfänge II 294 ff.; politische Bedeutung II 461; übt literarische Kritik III 87; Gesetze gegen die Komödienfreiheit II 374, 465, 628; der Chor ihr entzogen III 88; neuere attische III 525 ff. — s. Aristophanes.
Komon, Messenier III 314.
Konon, Timotheos' S., attischer Feldherr, Nachfolger des Alkibiades II 753; bei Lesbos II 754 ff.; Neuwahl zum Feldherrn II 760; bei Aigospotamoi II 769 f.; in Cypern III 157 f.; in persischen Diensten III 181 ff.; siegt bei Knidos III 183; stellt die attischen Mauern her III 184; Gesandter in Sardes III 193, 195 f.; Tod II 218. — öffentliche Stellung III 215, 217 f.; und Isokrates III 511. — Denkmäler für seinen Sieg bei Knidos III 535.
Kopais, See in Böotien I 77, 95.
Kora, Verehrung der in Attika I 286; in Sicilien I 452. — vgl. Demeter.
Koralios, Bach in Böotien I 95.
Korax, Redner in Sicilien II 535, 544.

Korax, Geb. in Lokris III 704.
Korinna, böotische Dichterin III 251.
Korinth. Lage und Bevölkerung I 251 f.; Iason in I 76; Dorier in I 49; unter Königen I 252 f., 643; unter Prytanen I 255 f.; im Kriege mit Kerkyra I 414; im Bunde mit Sparta I 193; im Kriege mit Argos I 237; unter Tyrannen I 258 f.; im Kriege mit Samos I 554; Schiedsrichter zwischen Theben und Athen II 8, 33; in Feindschaft mit Aigina II 57; in den Perserkriegen II 64, 68, 71, 77, 90; und Athen II 168, 167 ff., 342 ff.; unterstützt Epidamnos II 345 f.; im Kriege mit Kerkyra II 346 ff.; unterstützt Potidaia II 351 f.; betreibt den peloponnesischen Krieg II 354 ff.; während des peloponnesischen Krieges II 445 ff., 458, 471, 502, 562, 578, 588, 591, 680, 720, 784; Spannung mit Sparta III 128 f., 161; im korinthischen Kriege gegen Sparta III 175, 178, 185 ff., 197, 223; nach dem Antalkidasfrieden III 207; demokratische Bewegung in III 315; und Theben III 335, 358, 368; in demosthenischer Zeit III 625, 679, 710, 716, 724, 727. — Cult der Aphrodite in I 49; Münzen von I 312, II 551 f.; Künste und Erfindungen in I 254, 507, 517 f., 521; Metallfabriken in I 409; Handel von I 252 f. — Colonien von I 256, 410 f., 421 f., III 399.
Korkyra s. Kerkyra.
Korn. Ueberwachung des Kornverkaufs durch den athenischen Staat II 214; Ueberwachung der Einfuhr II 258 f.
Koroibos, attischer Architekt II 313.
Koroibos, Eleer II 211.
Korone, St. in Messenien III 332.
Koroneia, St. in Böotien, von Phokis genommen III 438, 624. — Schlachten bei: Sieg Thebens über Athen II 179, 211, 230; Sieg des Agesilaos III 180, 498.
Korsika. Bedeutung von I 431; Phokäer auf I 569, II 525; Karthager auf II 519.
Korybanten. Erzbilder der in Prasiai I 88.
Koryphasion, Vorgeb. in Messenien II 460.
Kos, Insel im ägäischen Meere, von Epidauros colonisirt I 114; Skythes

in I 616; unter Herrschaft von Halikarnass II 264; von Alkibiades befestigt II 725; und Maussollos III 467, 582 f.; unterstützt Byzanz III 685.
Kosmoi, oberste Behörde in Kreta I 158.
Kottyphos, Pharsalier III 700, 702.
Kotys, K. in Thrakien III 414, 416, 460, 463, 547.
Kotytto, thrakische Göttin II 409, 606; Verehrung der in Athen III 56.
Kranaë, Insel im lakonischen Meerbusen I 36 f., 48.
Kraneion, Vorstadt von Korinth III 495.
Krannon, St. in Thessalien III 345, 412.
Kranz, als Kampfpreis I 475.
Krates, attischer Komödiendichter II 296, 534.
Krathis, Bach bei Sybaris I 423, II 547.
Kratinos, attischer Komödiendichter II 231, 296 f., 375, 434, 464, 534, III 88.
Kratylos, Philosoph II 197.
Krenides, St. in Thrakien III 425.
Kreon, attischer Archont I 645.
Kresilas, attischer Bildhauer II 402.
Kresphontes, Heraklide I 141, 146.
Kreta, natürliche Beschaffenheit I 61; Bevölkerung I 61 f.; Verbindung mit Lykien und Troas I 74; Achäer in I 82; Dorier in I 114, 156 ff.; Arkader in I 153; Samier in I 585; Auswanderungen nach Kleinasien I 114; unter K. Minos I 62 f.; Charmides in I 277. — Zustände von I 157 f., 176; Gottesdienste in I 49, 52, 61 f., 64; Gymnastik in I 476; Kunst in I 518 f; kyklopische Mauern in I 126. — Einwirkung auf Sparta I 634, 178, 180, 196.
Kreter, Ansiedlungen der in Griechenland I 58; in Lykien I 72; in Theben I 79; in Thrakien I 112; gründen Krisa I 243; in Attika I 280; in Italien I 415; in Libyen I 436; als Söldner III 220.
Kreüsa, T. des Erechtheus I 283.
Kreusis, St. in Böotien III 303.
Kriegswesen, spartanisches I 186; attisches I 317; Söldner III 220 (s. Söldnerwesen); Reformen des Iphikrates III 221 f.; thebanisches III 271, 301 f.; makedonisches III 418 f.
Krim, hellenische Colonien in I 444.
Krisa, St. in Phokis I 467; Gründung I 63, 99, 243; und Delphi I 244 f.; verliert seine Selbständigkeit I 161; heiliger Krieg gegen I 245 f., 308, 328; zerstört I 246, 308.
Kritalla, St. in Kappadokien II 45.
Krithote, St. am Hellespont III 479.
Kritias, Kallaischros' S., Athener. Charakter II 786 ff.; im Hermenprocess verhaftet II 626; beantragt die Rückberufung des Alkibiades II 719; flüchtig in Thessalien II 788 f.; Heimkehr II 789; Einer der dreißig Tyrannen II 790, III 30 ff; Feind des Alkibiades III 17; Tod III 32. — und Sokrates III 108, 114, 116; und Theramenes III 20 ff. — als Redner III 515.
Kriton, Athener, Schüler des Sokrates III 96, 496.
Krobylos, attische Haartracht I 38, 651.
Kroisos, K. von Lydien. Statthalter von Mysien II 554; wird König I 555; gewinnt die griechischen Küstenstädte I 556 f.; im Kriege mit Kyros I 560 f.; im Bunde mit Miltiades I 595; Sagen von I 563; und Solon I 330 f., 564.
Krommyon, Kastell in Megaris III 186.
Kromnos, St. in Arkadien III 360.
Kronos, phönizischer I 485.
Kroton, St. in Bruttium. Gründung I 422 f., 485; Verfassung I 535; Pythagoreer in I 537; in Feindschaft mit Sybaris II 232, 547; Geschichte von II 546 ff. — Colonien von I 424, II 546; Münzen von II 551.
Ktesias, Geschichtschreiber und Arzt aus Knidos III 159, 762 f., 522.
Ktesiphon, Athener III 609.
Ktesippos, Chabrias' S., Athener III 567.
Kunaxa, St. in Babylonien. Schlacht bei III 135 ff.
Kunst, bei Homer I 124. — s. Architektur, Malerei, Plastik u. s. w.
Kupfer, aus Chalkis I 408; aus Italien I 416; aus Tartessos I 436. — Urkunden auf I 493. — Kupfergeld in Athen II 552.
Kureten, Volk in Akarnanien I 45.
Kyane, Fl. bei Syrakus II 632.
Kyaneische Inseln, im schwarzen Meere II 185.
Kyaxares, K. von Medien I 552, 559.
Kybele. Verehrung in Lydien und Phrygien I 66; auf dem Ida I 67; in

Thessalien und dem Peloponnes I 84;
in Sardes I 229, 640.
Kybos, St. in Libyen I 436.
Kydathenaion, Stadttheil von Athen I 318.
Kydias, Athener III 457.
Kydonia, St. in Kreta I 157, 161, 442, 585, II 6, 400.
Kykliker, nachhomerische Ependichter I 355.
Kyklopen, in Argos I 55, 85, 125.
Kyllene, Hafenstadt in Elis I 202, III 150.
Kylon, Argiver III 170.
Kylon, Athener. Zeit des I 646; Attentat des I 295 f. — Frevel an den Kyloniern I 300, 302, 335, 365, 372.
Kylon, Krotoniat I 537.
Kyme, St. in Aeolis. Gründung I 113; Aeolier in I 391; gründet Phokaia I 221; Verbindung mit Phokaia I 432; Tyrannis in I 593; von Tissaphernes belagert III 143.
Kyme, St. in Campanien. Gründung I 417; Bedeutung I 418; Verfassung I 535; von Hieron gegen die Tyrrhener geschützt II 526.
Kyme, St. in Euboia I 408, 417 f.
Kynaigeiros, Aischylos' Bruder, Athener II 23.
Kynosarges, Gymnasion bei Athen II 25, 346, III 495.
Kynoskephalai, Anhöhe bei Theben III 274.
Kynossema, Vorgeb. des Chersonnes. Schlachten bei III 837.
Kynosura, Vorgeb. in Attika II 21.
Kynosura, Ort in Lakonien I 164.
Kynuria, Landschaft in Argolis I 88, 232 f., II 473.
Kynurier, Volksstamm in Arkadien III 321.
Kynurier, Völkerschaft in Lakonien III 727.
Kypros s. Cypern.
Kyprothemis, Tyrann von Samos III 470.
Kypseliden, in Korinth I 258 f., 643, 495; in Ambrakia I 265, 271; in Attika I 332; in Thrakien I 337, 595.
Kypselos, Eetion's S., Tyrann von Korinth I 643; Herkunft I 258; Kasten des in Olympia I 259, 519.
Kypselos, Periandros' S., Korinther I 263.

Kyreer, Truppen des Kyros III 139 ff., 180.
Kyrenaiker, Philosophenschule III 496.
Kyrene, St. in Libyen. Gründung I 437 f., 656, 489, 495; im Kampfe mit Aegypten I 439, 573; huldigt Persien I 588; Aegiden in II 510; im Kampfe mit Karthago II 515; im peloponnesischen Kriege II 654. — Silphium von I 438, 656, II 261.
Kyrnos, Insel im etrurischen Meere I 442, 569. — s. Korsika.
Kyros, Kambyses' S., K. von Persien I 559; im Kriege mit Kroisos I 560 f.; erobert Kleinasien I 564 f.; Tod I 572.
Kyros, Dareios' II S., Perser. Statthalter in Kleinasien II 742 f.; Rüstungen des III 132 f.; Heereszug gegen K. Artaxerxes III 134 ff.; fällt III 136. — und Alkibiades III 751; und Aristippos von Larisa III 338, 779 f.; und Lysandros II 748; und Tissaphernes III 130 f., 760; und Xenophon III 497.
Kythera, Insel bei Lakonien. Schiffsstation der Phönizier I 36, 49, 162; Dorier in I 111; spartanischer Statthalter in I 186; von Nikias genommen II 473; an Sparta zurückgegeben II 502; von Konon besetzt III 153; attischer Statthalter in III 215.
Kytinion, St. in Doris I 97.
Kyzikos, Halbinsel und Stadt an der Propontis. Einwanderung der Aeolier in I 112; Gründung der Stadt I 396, 399; Tyrannis in I 593; Sieg des Alkibiades bei II 729 f. — Phylen und Kalender von I 446.

Labda, Korintherin, Mutter des Kypselos I 258.
Labdakiden, thebanisches Herrschergeschlecht I 80, 95.
Labdakos, K. von Theben I 80.
Labdalon, Ort bei Syrakus II 638, 645.
Labranda, St. in Karien I 224, 612.
Labynetos, K. von Babylon I 553, 561.
Laches, attischer Feldherr II 412 f.; vermittelt den Waffenstillstand mit Sparta II 495; in Sicilien II 555 f.; für den Frieden II 580; in Argos II 581; fällt bei Mantineia II 583.
Lade, Insel bei Milet I 615 f.
Ladon, Fl. in Arkadien III 323.

Laïos, K. von Theben I 80.
Laispodias, Athener II 712.
Lakedaimon s. Sparta.
Lakedaimonios, Kimon' S., Athener II 147, 349, 373.
Lakinion, Vorgeb. in Bruttium I 425, 491.
Lakmon, Geb. in Thessalien III 389.
Lakon, Platäer II 443.
Lakonien, Landschaft im Peloponnes, natürliche Beschaffenheit I 147, 161; Bevölkerung II 50; Leleger in I 45; Herakliden in I 144, 156; Dorier in I 147; älteste Geschichte I 162 f. — s. Sparta.
Lakratidas, Athener II 396.
Lamachos, attischer Feldherr II 418, 500; Führer der sicilischen Expedition II 611, 616, 618, 624, 637; Tod II 639.
Lamis, Megareer I 654.
Lampon, Athener II 149, 252, 529.
Lampsakos, St. am Hellespont. Phönizier in I 395; von Milet gewonnen I 400, 411, 432; Tyrannen in I 593; im Kampfe mit den Dolonkern I 595 f.; von Persien erobert I 612; im Besitze des Themistokles II 139; fällt von Athen ab II 726; athenisches Schiffslager in II 732; von Lysandros genommen II 768; von Chares genommen III 470. — Philologie in III 523.
Laodamas, Tyrann von Phokaia I 593.
Laphanes, Arkader I 248.
Lapithen I 252, 259.
Larisa, Verbreitung des Namens I 58.
Larisa, St. in Argolis I 85, 148.
Larisa, St. in Thessalien. Burg der Achäer I 83; Aleuaden in II 42; von den Makedonern genommen III 345, 412; von Pelopidas befreit III 346.
Larisos, Fl. in Achaja I 216, III 149.
Las, St. in Lakonien I 166.
Lasion, St. in Elis III 150, 359.
Lasos, Dichter aus Hermione I 357, II 53, 190, 282, 300.
Lastheues, Olynthier III 604.
Latmos, Berg in Karien I 612.
Laurion, Geb. in Attika. Bergwerke von II 31, 244, III 642.
Leagros, Athener II 142.
Lebedos, St. in Ionien I 223.
Lechaion, Hafenstadt von Korinth I 253, III 185 f., 197, 223, 336.

Leda, in Lakonien I 162.
Leier, siebensaitige I 529.
Leipsydrion, fester Punkt in Attika I 360.
Leka (Lykier) I 40.
Lekythen, attische III 542.
Lekythos, Bergfeste in Sithonia II 489.
Lelantische Ebne, zwischen Chalkis und Eretria auf Euboia I 231, 256, 411.
Leleger, Gesammtname der Ostgriechen I 44; und Karer I 45; Niederlassungen in Hellas I 58, 110; Auswanderung nach Ionien I 110; in Lakonien I 162, 177, 185; in Attika I 280.
Lelegia, karische Bauwerke I 45.
Lelex, megarischer Heros I 45.
Lemnos, Insel des ägäischen Meeres. Iason in I 76; von den Persern genommen I 600; von Miltiades erobert II 19; in der Schlacht bei Salamis II 81; im delischen Bunde II 243; attische Kleruchen in II 250; unter attischer Herrschaft III 195, 205, 579; im Bundesgenossenkriege verwüstet III 469.
Leobotes, Alkmaion's S., Athener II 135.
Leobotes, Spartaner I 170.
Leochares, attischer Bildhauer III 538 ff.
Leodamas, attischer Redner III 446, 458.
Leogoras, Athener, Anhänger des Kleisthenes I 360.
Leogoras, Athener, Vater des Andokides II 619, 626.
Leokedes, Pheidon's S., K. von Argos I 237, 245, 642.
Leokrates, attischer Feldherr II 94, 172, 223.
Leon, Athener III 353.
Leon, Byzantier III 684.
Leon, attischer Feldherr II 706, 713, 753.
Leon, Salaminier III 19.
Leon, Ort bei Syrakus II 638.
Leonidas, K. von Sparta, in Thermopylai I 475, II 68 f., 803.
Leonides, Mörder des Tyrannen Klearchos III 547.
Leontiades, Thebaner III 239 ff., 261 f., 264 ff.
Leontinoi, St. in Sicilien. Gründung I 421; von Gela unterworfen II 509;

und Atben II 554 f.; von Syrakus unterworfen II 559. — Münzen von II 529.
Leontis, attische Phyle II 22.
Leosthenes, attischer Feldherr III 460.
Leotychides, K. von Sparta II 10 f., 104, 115, 143, 166, 798.
Leotychides, K. Agis' II S., Spartaner III 152 f.
Lepetymnos, Berg auf Lesbos II 273.
Lepreon, St. in Triphylien. Minyer in I 153; und Sparta I 192, 214; im Perserkriege II 90; und Elis II 563 f., III 147, 150; im Bunde mit Sparta III 335; im Besitze von Arkadien III 359.
Leptines, attischer Redner III 565.
Leros, Insel im ägäischen Meere I 614.
Lesbos, Insel im ägäischen Meere. Einwanderung der Aeolier I 112; von den Achäern erobert I 119; Tyrannen in I 343; von Kyros unterworfen I 571; im ionischen Aufstande I 615 f.; von Persien unterworfen I 618 f.; im hellenischen Bunde II 106; im attischen Bunde II 238, 371; attische Kleruchen in II 441; und Athen II 676, 776, III 201. — Dialekt von I 24; Cult des Melkar in I 49; chronologische Studien auf I 138; Musik in III 81. — s. Methymna und Mytilene.
Lesche, in Delphi I 497, 533; in Sparta I 163.
Lesches, epischer Dichter aus Lesbos II 276.
Letäer, thrakischer Volksstamm III 424.
Leto I 72.
Letrinoi, St. in Pisatis I 215, III 150.
Leukas, Insel im ionischen Meere I 412, II 344; im Perserkriege II 90; von Demosthenes verwüstet II 454; im korinthischen Kriege gegen Sparta III 175; und K. Philippos III 674; im Bunde mit Athen III 679, 710.
Leuke Akte, St. am Hellespont II 46.
Leukippos, Philosoph II 196.
Leukon, K. am Bosporos III 483.
Leukothea I 75.
Leuktra, St. in Böotien. Schlacht bei III 303 ff.
Libyen, in Feindschaft mit Aegypten I 40; im Verkehr mit Sikyon I 241; Niederlassungen in I 404 f., 436 f.; Gottesdienste in I 405. — Libyer im Heere des Xerxes II 44.

Libys, Spartaner, Halbbruder des Lysandros II 744, III 35.
Lichas, Arkesilaos' S., Spartaner II 697, III 128.
Lida, Bergfeste in Karien I 571.
Ligyer, Volk in Gallien I 434.
Lilybaion, Vorgeb. Siciliens I 429.
Limera, Beiname von Epidauros II 672.
Limnai, Ort in Lakonien I 163.
Lindioi, St. in Sicilien. Gründung I 427. — s. Gela.
Lindos, St. auf Rhodos. Gründung I 114, 427.
Liparische Inseln, bei Sicilien. Griechen auf I 431; Karthager auf II 519; von Athen angegriffen II 555.
Litra, Münzeinheit in Grofsgriechenland II 551.
Liturgien, in Athen II 241 f., 295, 815.
Logisten, attische Finanzbehörde II 247.
Logographen, älteste Geschichtschreiber I 139, II 262, 267. — Verfasser von Gerichtsreden in Athen II 818, III 476, 565.
Lokrer, griechischer Volksstamm, mit den Lelegern verwandt I 45.
Lokroi, epizephyrisches, St. in Unteritalien. Gründung I 424; Verfassung I 535; im Kriege mit Rhegion II 527, 556; und Athen II 623. — Colonien von II 546.
Lokris, opuntisches, Landschaft am euböischen Meerbusen, huldigt den Persern II 66; im Bunde mit Athen II 172; im peloponnesischen Kriege II 367, 358, 680; im Streite mit Phokis III 170; im korinthischen Kriege III 175; im heiligen Kriege gegen Phokis III 435; in der delphischen Amphiktyonie III 628.
Lokris, ozolisches, Landschaft am korinthischen Meerbusen. Aeolier in I 81; gründet das epizephyrische Lokroi I 424; gewinnt Naupaktos III 7; und Theben III 311; und Delphi III 698 ff.
Lokros, Bildhauer aus Paros III 336.
Loos, bei der Beamtenwahl in Athen I 369, 650, 371.
Lotophagen I 222.
Ludias, Fl. in Makedonien III 394 f.
Lupiae, St. in Calabrien I 415.
Lyder, dringen an die Küste Kleinasiens I 114; in Smyrna I 220; im Heere des Xerxes II 45

Lydien, Bevölkerung I 66; Heimat der Pelopiden I 83; Auswanderung der Tyrrhener aus I 221; älteste Geschichte I 543 f.; von Assyrien unterworfen I 67, 544; unter den Mermnaden I 544 f.; im Kampfe mit Ionien I 547 f.; Kimmerier in I 549; im Kriege mit Medien I 553; unter persischer Herrschaft I 562; während des ionischen Aufstandes I 610. — Erfindung des Geldes in I 229; Geldwährung in I 235; Grabbauten in I 130. — und Delphi I 532.
Lygdamis, Dynast in Halikarnass II 265.
Lygdamis, Tyrann von Naxos I 342, 344 f., 361, 577, 662. 578, 604.
Lygdamis, Führer der Kimmerier I 549.
Lykabettos, Berg bei Athen II 273.
Lykaion, Berg in Arkadien I 46, 154, 189, 200. 209, III 318.
Lykaon, arkadischer Heros III 397.
Lykaretos, Samier I 600.
Lykeion, Gymnasion in Athen I 353, II 316, III 745.
Lykini, St. in Calabrien I 415.
Lykides, Athener II 89.
Lykien, Solymer in I 38; Leleger in I 45; älteste Zustände I 72 f., 629; Beziehung zu Kreta I 74; Heimat des Perseus I 85; Dardaner in I 221; Rhodier in I 426; im Kampfe mit Persien I 571, 605; im delischen Seebunde II 141, 243. — Sprache I 72; Kunst und Religion I 73, 128; Mantik I 457 f., 461; Einfluss auf Griechenland I 128, 515.
Lykier, Herkunft I 31; beunruhigen Aegypten I 40; als Colonisten I 58, 415; in Attika I 58, 280; als Baumeister in Argos I 128.
Lykiskos, Athener II 763.
Lykoa, St. in Arkadien III 324.
Lykomedes, Athener II 72.
Lykomedes, Mantineer III 349, 355, 359, 458 f.
Lykomiden, attisches Geschlecht II 15.
Lykou, Athener II 670.
Lykon, attischer Redner III 113.
Lykopas, Spartaner I 554.
Lykophron, Periandros' S., Korinther I 263 f.
Lykophron, Thessaler III 431, 780.
Lykophron, Tyrann von Pherai III 155, 175, 338, 779 f.

Lykosura, St. in Arkadien I 128, 154, 324.
Lyktos, St. in Kreta I 157.
Lykurgos, Aristolaides' S., Athener I 332, 335, 339.
Lykurgos, Athener, Grofsvater des Redners III 19.
Lykurgos, Lykophron's S., attischer Redner III 649 f., 693, 720, 744 f.
Lykurgos, Gesetzgeber in Sparta. Person des I 169 f., 209; Zeit des I 187, 637; Gesetze des I 171 f.; und Thaletas I 197; und Olympia I 210, 639.
Lynkesten, Völkerschaft in Makedonien II 480, 482, 496, III 394, 399, 411.
Lyra s. Leier.
Lyrik, älteste I 526, 528 f.; im Zeitalter der Tyrannen I 356 f.; während der Perserkriege II 280 f. — s. Dithyrambos.
Lyrnesos, St. in Troas I 119.
Lysagoras, Parier II 29.
Lysandros, Aristokritos' S., spartanischer Feldherr. Herkunft und Charakter II 744 ff., III 172 ff.; Politik III 747 ff.; in Kleinasien II 751; als Flottenführer II 766 ff.; siegt bei Aigospotamoi II 770; nach der Schlacht bei Aigospotamoi II 776 f., 750, 752; in Athen II 790; öffentliche Stellung nach dem Frieden III 4 ff., 35 ff., 119 ff.; Feldherr gegen Theben III 171; Tod III 172. — und Agesilaos III 152 ff., 160 ff.; und Alkibiades III 17; und Kyros II 745.
Lysanias, aus Eretria I 249.
Lysias, attischer Feldherr II 764 f.
Lysias, Kephalos' S., attischer Redner. Geburtszeit II 517; Leben und Charakter III 515 ff.; in Thurioi II 253; unterstützt Thrasybulos III 35. — Reden: gegen Phormisios III 42,753; gegen Eratosthenes III 109; für Aufrechterhaltung der Amnestie III 110 f., 758; für die Kinder des Aristophanes III 214; für Mantitheos III 216 f.; olympische Rede III 318. — und der Staat III 544.
Lyside s. Melissa.
Lysikles, attischer Demagog II 413 f., 824.
Lysikles, attischer Feldherr III 716.
Lysis, Pythagoreer aus Tarent III 258, 263.
Lysistratos, attischer Feldherr II 591.

Lysistratos, Olynthier II 488.

Mänalia, Landschaft in Arkadien I 534, II 166, III 322, 325.
Mäonier, andrer Name für Lyder, s. Lyder.
Maeotis (asowsches Meer) I 401.
Magnesia, St. in Lydien I 224.
Magnesia, St. in Karien I 550, 567, 585, II 139.
Magnesia, Halbinsel in Thessalien I 36, III 439.
Magneten, Volk in Thessalien. Apollocult I 53, 98; Wanderungen I 96; in der delphischen Amphiktyonie I 100; huldigen den Persern II 66.
Mago (Anno), Karthager II 520.
Maiandrios, Tyrann von Samos I 585.
Maiandros, Fl. in Karien I 6, 32, 500, 617.
Mainake, St. in Spanien I 435.
Mainalos, Geb. in Arkadien II 564, III 321.
Maison, komischer Dichter in Athen II 295.
Maïten, skythischer Stamm I 401.
Maïtis s. Maeotis.
Makar s. Melkar.
Makara (Minoa), St. in Sicilien I 63.
Makareus, Heros I 49.
Makaria, St. in Attika I 49.
Makaria, St. in Messenien I 49.
Makedonien, natürliche Beschaffenheit I 7, 389, 394 ff.; Bevölkerung III 397 ff.; wird barbarisch I 450; unterstützt die Peisistratiden I 342, 360; unter den Temeniden I 595 f., III 399 ff.; im Bunde mit Sparta II 155; auf dem Friedenscongress in Sparta III 294; und Thessalien III 345; unter K. Philippos III 415 ff.
Makistios, persischer Feldherr II 90 f.
Makistos, St. in Elis I 153.
Maktorion, St. auf Sicilien II 507.
Malaos, Polopide I 113.
Malerei, in Athen II 300 ff.; in Theben III 381; in Sikyon III 541.
Males, Aetoler I 248.
Malier, Volk in Thessalien I 101, II 66, III 175, 311, 343.
Maloeis, Hafen von Mytilene II 421.
Mandokos, Häuptling der Odrysen II 769.
Mandrokles, Techniker aus Samos I 595.
Mantik I 455 ff.; und Priesterthum I 461. — s. Orakel.

Mantikles, Messenier I 202.
Mantineia, St. in Arkadien I 154; im Perserkriege II 68; aufgelöst III 232; neu gegründet III 319; im Zwiespalt mit dem übrigen Arkadien III 362; und Tegea III 363 f. — und Sparta II 166, 564, 577, 580 ff., 585, III 179, 230 ff., 768. — Schlachten bei: Sieg des K. Agis über die Argiver II 582 f.; Sieg des Epameinondas III 371 ff., 541.
Mantitheos, Athener II 740.
Mantitheos, Athener III 216.
Marathon, Ort in Attika. Phönizier in I 280; Ionier in I 58; Peisistratiden in I 344; als Demos I 367 f.; Perser in II 14. — Schlacht bei II 20 f., 191, 799 f.; von Polygnot gemalt II 302.
Marathon, Heros II 191.
Mardonios, persischer Feldherr. Politik des I 618 f., II 797; Schiffbruch am Athos I 619, II 3; und K. Xerxes II 41, 54; bei Salamis II 76; nach der Schlacht bei Salamis II 83 f.; verhandelt mit Athen II 87; besetzt Athen II 89; bei Plataiai II 89 f.; in Thessalien II 104.
Mardontes, persischer Feldherr II 105.
Marganeai, St. in Pisatis III 150.
Markt, in Athen I 289, 348, III 50; der Demen I 368.
Marmor, parischer I 579, 602; Sägen des Marmors erfunden I 603.
Maroneia, St. in Thrakien III 580.
Marsyas, Fl. in Karien I 612.
Maschala, St. in Libyen I 436.
Masistes, Bruder des Xerxes II 138.
Maskames, persischer Feldherr II 124.
Massageten, Volk am Pontos I 549.
Massalia, St. in Gallien. Gründung I 434, 442; Verkehr mit Phokaia I 393. — Colonien von I 434 f.
Mafse, der Phönizier I 37; äginetische I 236. — s. Münzen Gewichte.
Mataoros, St. in Unteritalien I 528, II 530.
Matriketas, Astronom aus Lesbos II 273.
Matton, spartanischer Heros I 168.
Mauern, in Athen, themistokleische II 108, 110 f.; Bau der langen III 146, 170, 173, 231; nach dem peloponnesischen Kriege zerstört II 785, 790; von Konon hergestellt III 184; des

Peiraieus III 277; kyklopische I 125, 130; des Isthmos von Korinth s. Isthmos.
Maussollos, Hekatomnos' S., Dynast in Karien III 466 f., 469, 485, 570, 583, 801; Grabmal des III 540.
Mazares, Feldherr des Kyros I 566 f.
Medicin s. Heilkunde.
Medien, fällt von Assyrien ab I 544; Eroberungen in Asien I 552; im Kriege mit Lydien I 553; unter persischer Herrschaft I 559, II 91.
Medios, Dynast von Larisa III 175, 338, 780.
Medontiden, edles Geschlecht in Athen I 286, 291, 303.
Medos, Stammheros der Meder II 59.
Megabates, persischer Feldherr I 605 f.
Megabazos, persischer Feldherr I 597 ff.,
Megabyzos, persischer Feldherr II 174.
Megakles, Alkmaion's S., Athener, freit um Agariste I 249 f.; am kylonischen Frevel betheiligt I 300, 365; Haupt der Paralier I 336, 339; und Peisistratos I 340.
Megakles, Kleisthenes' S., Athener II 209.
Megalopolis, St. in Arkadien. Gründung III 320 f.; im Bunde mit Messenien III 368; und Sparta III 576 ff.; und K. Philippos III 640, 727.
Megara, St. in Megaris. Colonien von I 266, 410 f., 421, 428; unter Theagenes I 267 f.; in den Perserkriegen II 64, 79, 88, 90; im Bunde mit Korinth II 343, 349; im peloponnesischen Kriege II 580, 680, 745; in demosthenischer Zeit III 640, 662, 679, 710, 724. — und Athen II 167 f., 179, 354, 388, 474 f., 495, 502, III 335. — Perser in II 297.
Megara Hyblai, St. in Sicilien. Gründung I 266, 421, 654; von Gelon genommen II 512 f.
Megariker, Philosophenschule III 493.
Magaris, Landschaft auf dem Isthmos. Leleger in I 45; Karer in I 46; Dorier in I 109, 266. — s Megara.
Meidias, Athener III 590, 593 f., 697.
Mekyberna, St. auf Chalkidike II 590 f.
Melampus, argivischer Heros I 86.
Melanchros, Tyrann von Mytilene I 343.
Melanippides, Dithyrambendichter in Athen III 79, 83, 408.
Melanippos, Heros von Sikyon I 242.

Melankridas, spartanischer Feldherr II 680.
Melanopos, Athener III 294.
Melanthidea, Zweig der Neleïden I 291.
Melanthos, K. von Athen I 286, 290, II 267.
Melas, Ephesier I 554.
Melas, Thessalier in Korinth I 252, 258.
Melesander, attischer Feldherr II 399.
Melesias. Lehrer der Gymnastik aus Athen I 480.
Melesias, Thukydides' S., Athener II 701, 712.
Melesippos, Spartaner II 384.
Meletos, dramatischer Dichter in Athen III 63.
Meletos, Meletos' S., Athener, Ankläger des Sokrates III 113 f.
Melikertes s. Melkar.
Melissa, Gemahlin Periandros' von Korinth I 263.
Melissa, St. in Phrygien III 17.
Melissos, Ithagenes' S., Samier II 237 f.
Melite, attischer Demos II 177.
Melite, Insel im mittelländischen Meere II 518.
Melkar (Melikertes), phönizischer Gott. Verehrung in Hellas I 49; in Korinth I 56; in Theben I 79; in Erythrai I 114; in Attika I 280; bei den Isthmien I 479. — als Colonisationsgott I 485.
Melon, Thebaner, als Verbannter in Athen III 264; kehrt zurück III 265; beim Morde der Oligarchen III 266; Böotarch III 267; und Sphodrias III 275.
Melos, Insel im ägäischen Meere II 235; Züge der Athener gegen II 453, 592 f.; von Athen erobert II 594; Rückkehr der vertriebenen Einwohner II 777, III 7.
Meltas, K. von Argos I 237.
Memphis, St. in Aegypten I 40, 48, 407.
Menandros, attischer Feldherr II 648, 769.
Mende, St. auf Pallene, von Brasidas gewonnen II 496.
Menedaios, spartanischer Feldherr II 457.
Menedemos, Gesetzgeber in Pyrrha III 546.
Menekleidas, Thebaner III 270, 333, 365.
Menekles, Athener II 765.
Menelaion, Berg bei Sparta III 329.

REGISTER. 81

Menelaos, K. von Sparta I 87, 135, 145, 162 f.
Menelaos, K. Amyntas' S., Makedoner III 802.
Menestheus, K. von Athen I 117.
Menestheus, Iphikrates' S., attischer Feldherr III 469, 471, 553.
Menippos, Athener II 373.
Menon, Athener II 376.
Menon, Larisäer III 780.
Mentes, K. der Taphier I 416.
Merenptah, K. von Aegypten I 40.
Mermnaden, lydisches Königsgeschlecht I 495, 533, 544 f., 562.
Mesoa, Ort in Lakonien I 163.
Messana, St. in Sicilien. Gründung I 419; Messenier in I 202, 313, 332; Samier in I 616; von Gela unterworfen II 509; unter Tyrannen II 518 (s. Anaxilaos); von Syrakus genommen II 556; und Athen II 630, 632. — Colonien von I 430.
Messapia, Landschaft in Unteritalien I 415, II 548, 661, III 726.
Messapion, Berg in Euboia I 415.
Messen, mit den Festen verbunden I 482 f.
Messene, St. in Messenien. Gründung III 331; Mauern von III 381; in demosthenischer Zeit III 660.
Messenien, Landschaft im Peloponnes. Name I 145; natürliche Beschaffenheit III 188; Leleger in I 45; Dorier in I 141 f.; Herakliden in I 156; älteste Geschichte von I 188; messenische Kriege: Chronologie I 638 erster I 189 f. zweiter I 191 f. dritter I 141, 153 f., 173; nach der Unterwerfung durch Sparta II 459; von Konon beunruhigt III 183; Stadtgründungen in III 130 f.; im Bunde mit Tegea III 368; und K. Philippos III 640, 725, 727, 739. — Gottesdienste in I 146, III 331 f.
Messenier, in Rhegion und Zankle I 202; in Attika I 286; in Naupaktos II 174, 342, 401, 459; in Pylos II 468, 550; aus Kephallenia und Naupaktos vertrieben III 7, 151; in Sicilien III 151; in Hesperides III 314; von Epameinondas zurückgerufen III 314.
Metagenes, attischer Architekt II 313.
Metapontion, St. in Lukanien. Gründung I 425, 485; Macht von II 547.

Methone, Halbinsel in Argolis II 471, 502.
Methone, St. in Makedonien. Gründung I 409, III 396, 403; und Athen III 406, 459; von K. Philippos zerstört III 426.
Methone, Hafenstadt in Messenien I 189, 201 f., II 387, III 331.
Methydrion, St. in Arkadien II 580, III 323.
Methymna, St. auf Lesbos, und Athen II 423, 685, 754, III 201, 449.
Metichos (Metinchos), Athener II 378.
Metiochos, Miltiades' S., Athener II 41.
Metöken, Schutzverwandte in Athen I 651; durch Kleisthenes eingebürgert I 370; in den Panathenäenzügen II 330; als Flottenmannschaft II 756; von den Dreifsig verfolgt III 19; in demosthenischer Zeit III 720.
Meton, Astronom in Athen II 273 f., 615, 818.
Metopen I 504, 508.
Metrodoros, Gelehrter aus Lampsakos III 523.
Metronomoi, attische Behörde II 112.
Metroon, Heiligthum der Demeter in Athen II 162.
Midaion, St. in Phrygien I 65.
Midas, K. von Phrygien I 227, 542 f.; Grab des I 65; Weihgeschenke des in Delphi I 488.
Mideia, St. in Argolis I 85; Achäer in I 86; von Argos unterworfen II 154.
Mikon, attischer Maler II 301.
Mikythos, Regent von Rhegion und Zankle II 543.
Milet, St. in Karien. Leleger in I 45; Lykier, Kreter und Karer in I 74; von Athen colonisirt I 113; Bedeutung von I 223; Neleiden in I 224; Tyrannen in I 288, 551; älteste Fehden I 230; im Bunde mit Eretria I 231, 411; im Kriege mit Lydien I 547 f., 550 f.; Vertrag mit Kyros I 564; unter Histiaios I 593; unter Aristagoras I 604 f.; unter Pythagoras I 614 f.; von den Persern zerstört I 617; in der Schlacht bei Mykale II 105; im Kriege mit Samos II 236; fällt von Athen ab II 683; von Athen belagert II 686; aristokratische Revolution in II 767 f.; geht zu Kyros über III 131. — Mundart von I 223; Handel von I 230,

G

393, 408; Producte von I 392, II 261;
Philosophie in I 500 f.; Erdkunde in
I 490. — Colonien von I 399 f., 548;
milesische Factorei im Nillande I
404, 653.
Milon, Pythagoreer aus Kroton I 601.
Miltiades, Kypselos' S., Athener, wird
König der Dolonker I 337; im Bunde
mit Kroisos I 595.
Miltiades, Kimon's S., Athener, als Herr
der Dolonker I 596; Haupt einer
Verschwörung gegen K. Dareios I
596; flüchtet vor den Skythen I 597;
in Athen II 19 f.; bei Marathon II
20 f.; Zug gegen Paros II 27 f., 800;
Anklage und Tod II 29.
Mimas, Vorgeb. in Kleinasien I 392.
Mimen, Dichtungsgattung in Sicilien II
534.
Mimnermos, Dichter aus Kolophon I
548.
Mindaros, spartanischer Admiral II
725 f.; am Hellespont II 727 f., 837;
in der Propontis II 729 f.; fällt II 730.
Mine, Gewichts- und Münzeinheit, in
Vorderasien I 228; in Athen I 312,
325.
Minoa, St. in Sicilien I 63.
Minoa, Insel bei Megara. Nikias auf II
452 f.
Minos, K. von Kreta I 62 f., 157. —
Grab des in Sicilien I 64.
Minyas, Schatzhaus des I 77, 129.
Minyer, pelasgischer Volksstamm.
Heroen der I 75; Verbreitung I 110;
in Böotien I 76 ff.; in Ionien I 110;
in Elis I 153, 214; in Lakonien I
163; in Attika I 280, 285; in Thera
I 437; in Libyen I 437.
Minythos, Thebaner III 260.
Misenum, Vorgeb. in Italien II 527.
Mitbradates, Rhodobates' S., Perser III
545, 796.
Mnaseas, Argiver III 660.
Mnaseas, Phokeer III 432.
Mnasippos, spartanischer Feldherr III
293.
Mnesarchos, Gemmenschneider in Samos I 583.
Mnesikles, attischer Baumeister II 334.
Mnesiphilos, Athener I 338, II 78, 199.
Muoïten, unfreie Klasse in Kreta I 159.
Moloch, Verehrung des I 49, 62.
Molosser, Volksstamm in Epirus I 92,
III 428, 665.

Molykria, St. in Aetolien I 253.
Monate, in Delphi festgestellt I 473;
Theilung in Dekaden I 496, 659. — s.
Kalender.
Monodien, euripideische III 78.
Monoikos, St. in Ligurien I 434.
Morsimos, Philokles' S., dramatischer
Dichter in Athen III 61 f.
Motye, St. in Sicilien. Karthager in I
429, II 519.
Münzen I 591 f.; älteste in Phokaia I
229; erste europäische von Pheidon
geprägt I 236, 641. - äginetische I
235 f.; attische I 311, 325, 352, 647,
II 260; babylonische I 228, II 551;
grofsgriechische I 425, II 546, 551;
kleinasiatische I 234 f.; korinthische
I 312, II 551 f.; kyprische III 211;
lydische I 557; makedonische III 427;
persische I 591, 663; rhodische III
210, 427; sicilische II 529, 540; tarentinische I 424. — s. Geld.
Munychia, Höhe bei Athen II 17, 313;
Sieg des Thrasybulos bei III 32. -
Altar der Artemis in III 691.
Murychides, Hellespontier II 89.
Musen I 525, 531.
Musik, lydische I 543; unter delphischem Einfluss I 525; in Sparta I
196; in Athen II 188, III 80 ff.; in
Böotien III 251. — und die Gymnastik
I 480.
Mykale, Vorgebirge in Ionien, ionisches
Bundesheiligthum in I 224, 570;
Schlacht bei II 104 f.
Mykalessos, St. in Böotien II 671.
Mykenai, St. in Argolis. Gründung
I 85; Hauptstadt von Argolis I 150;
Achäer in I 86; Bedeutung der Herren
von I 119; bleibt achäisch I 151; in
den Perserkriegen II 64, 68, 90; von
Argos unterworfen II 151. — Mykenäer in Makedonien III 403. — kyklopische Mauern von I 126; Löwenthor von I 126.
Mylai, St. in Sicilien. Gründung I 430,
II 509; von Laches genommen II 556.
Mylasa, St. in Karien I 224, III 466.
Mylitta, syrische Göttin I 43.
Myrina, St. in Aeolien III 145.
Myrkinos, St. in Thrakien I 599, 614,
II 490.
Myrmidonen, Volk in Phthiotis 19.
Myron, Bildhauer aus Eleutherai II 306.
Myron, Orthagoride aus Sikyon I 240;

Schatzhaus des in Olympia I 241, 509.
Myronides, attischer Feldherr II 94, 168 f., 172, 223.
Myrsilos, Tyrann von Mytilene I 343.
Myrtis, Argiver III 360.
Myrtis, böotische Dichterin III 254.
Mysien, Landschaft in Kleinasien, von den Aeoliern erobert I 113; von Gyges beherrscht I 546; unter Persien I 592.
Myskellos, aus Aigai, Gründer von Kroton I 423.
Myson, Einer der sieben Weisen I 499.
Mysterien I 497 f.; in Agrai I 305; attische II 191.
Mytilene, St. auf Lesbos. Lage II 421 f.; Pittakos Aisymnet von I 344; gründet Achilleion I 346; colonisirt Naukratis I 407; Tyrannis in III 470; und Athen I 343, II 422 ff., 437 ff., 685 f., III 282, 449, 615. — Lehranstalten in I 463. — s. Lesbos.
Myus, St. in Karien I 223, 615, II 139.

Nabonassar, K. von Babylon I 552.
Nauarchen, spartanische II 838, III 126.
Nauaris, St. in Sarmatien I 401.
Naukrarien, Verwaltungsbezirke in Attika I 293, 645, 320, 332, 367 f.
Naukratis, St. in Aegypten I 405, 407, 560.
Naupaktos, St. in Lokris, von den Athenern genommen II 173; Messenier in II 312; von den Peloponnesiern bedroht II 456; Messenier vertrieben aus III 7, 151; und Achaja III 356, 666; im Besitz der Aetoler III 713.
Nauplia, St. in Argolis I 85; Schiffsstation der Phönizier I 36, 55; Mitglied eines Seebundes I 88; Nauplieer in Methone I 202; von Argos erobert I 233.
Nauplios, Heros von Nauplia I 154.
Nausikles, Athener III 647, 650.
Nausimachos, Athener aus Phaleros II 70.
Nausinikos, attischer Archont III 279, 448.
Naxos, Insel im ägäischen Meer. Vegetation I 4; mit Kreta verbunden I 63; älteste Geschichte I 603 f.; in Fehde mit Milet I 230; Tyrannis in s. Lygdamis; Aristagoras gegen I 605 f., 608; von den Persern verwüstet II 12, 26; im delischen Bunde II 125; von Athen unterworfen II 129; attische Kleruchen in II 176, 250; Schlacht bei III 283. — Colonisationsthätigkeit I 427; Kunst auf I 520.
Naxos, St. in Sicilien. Gründung I 420; von Gela unterworfen II 509; aufgelöst II 528; und Athen II 624, 632.
Neapolis, St. in Thrakien III 425, 597.
Nebukadnezar, K. von Babylon I 343, 554, 561, 574.
Necho, Fürst von Memphis I 405.
Necho II, K. von Aegypten I 343, 406.
Neda, Fl. in Messenien I 152, 201.
Neko, s. Necho.
Neleiden, messenisches Herrschergeschlecht I 81, 145, 153; in Milet I 224, 227, 542; in Attika I 286, 290 f., II 267; in Kolophon I 392.
Neleus, Grab des II 61.
Nemea, Bach zwischen Korinth und Sikyon, Schlacht am III 179, 764.
Nemeen, Einsetzung der I 251, 276, 478.
Neogenes, Tyrann von Histiaia III 312, 589.
Neon, Messenier III 660.
Neophron, dramatischer Dichter aus Sikyon III 60.
Neoptolemos, attischer Schauspieler III 528.
Nesiotis, Stamm von Thorioi II. 253.
Nestor, K. von Pylos I 121, 132.
Nestos, Fl. in Thrakien I 568, III 390.
Nikaia, St. in Ligurien I 434.
Nikanor, Maler aus Paros II 336.
Nike, Beiname der Athena II 334; Tempel der in Athen III 795.
Nikeratos, Nikias' S., Athener III 19, 527.
Nikias, Nikeratos' S., Athener I 305.
Nikias, Nikeratos' S., attischer Feldherr. Herkunft II 412; Charakter II 416 ff.; Seezüge II 452 f.; siegt bei Tanagra II 453; Festgesandter in Delos II 458 f.; überlässt dem Kleon das Feldherrnamt II 467; Zug gegen Korinth II 471; nimmt Kythera II 473; auf Chalkidike II 496, 591; Frieden des II 501 ff.; Stellung nach dem Frieden II 568 f., 576, 578; und Alkibiades II 585 f., 612 ff.; Gegner

der sicilischen Expedition II 610;
zum Feldherrn gewählt II 611; in
Sicilien II 623, 631 ff., 639, 644 ff.,
653 ff.; auf dem Rückzuge II 657 ff.,
834; ergiebt sich II 660; Tod II 661.
Nikodoros, Gesetzgeber aus Mantineia
III 58.
Nikodromos, Aeginet II 7, 33.
Nikogenes, Mysier II 136 f.
Nikokles, Euagoras' S., K. von Cypern
III 546.
Nikolaos, Spartaner II 398.
Nikolochos, spartanischer Admiral III
285.
Nikomachos, Gesetzrevisor in Athen II
772, 783, III 46 f.
Nikomachos, attischer Komödiendichter
III 83.
Nikomachos, Vater des Aristoteles III
411.
Nikomedes, Kleombrotos' S., sparta-
nischer Feldherr II 169.
Nikophemos, Athener III 216, 544.
Nikostratos, attischer Feldherr II 447 f.,
496, 580 f., 583.
Nikoteles, Korinther III 129.
Nil I 13: Landungen der Phönizier am
I 40; Hellenen am I 403.
Ninive, St. in Assyrien I 399; zerstört
I 552.
Ninoe, St. in Karien I 114, 544.
Ninus, K. von Assyrien I 67.
Niobe, Sitzbild am Sipylos I 70.
Nisaia, Hafen von Megara I 266, 334,
II 168, 181, 475.
Nisyros, Insel im ägäischen Meer I
114, II 264.
Nomophylakes II 161.
Nomos, korinthische Silbermünze II
552.
Nomotheten, attische Behörde III 46 f.
Nonakris, St. in Arkadien II 10.
Notion, St. in Aeolis II 432, 733, 751.
Nymphaion, St. auf dem taurischen
Chersones II 235, 550.
Nymphen I 47.
Nymphodoros, Abderit II 389, III 391.

Oben, Volksabtheilungen in Sparta I
174 f.
Obolen (Obeloi) I 236, III 238.
Ocha, Geb. in Euboia II 12.
Ochos, s. Dareios II.
Odeion, Concerthaus in Athen II 318,
329, 331, III 31, 82, 745.

Odessos, St. in Thrakien I 400.
Odryseu, thrakischer Volksstamm II
389, III 391 f., 484. — s. Seuthes,
Sitalkes.
Odyssee, neu-ionischer Charakter I
136; als Bild ionischen Lebens I 222.
— s. Epos.
Odysseus, K. von Ithaka I 81, 131 f.
Oel, attisches I 282, 352. — heilige
Oelbäume I 54; Oelhandel nach dem
Pontos I 402; nach Aegypten I 407.
Oenotrier, Volk in Unteritalien I 415,
423.
Oëroë, Fl. in Böotien II 92.
Oetäer, Völkerschaft am Oita III 343,
628 f.
Ogyges, K. von Attika und Böotien
I 95.
Oibares, persischer Satrap I 602.
Oiniadae, St. in Akarnanien II 174,
342, 341.
Oinoe, attischer Demos I 367, II 385,
720.
Oinoe, St. in Argolis III 179, 192.
Oinophyta, St. in Böotien. Schlacht
bei II 172.
Oinus, Fl. in Lakonien III 328.
Oinussen, Inselgruppe im ägäischen
Meere I 569.
Oita, Geb. in Thessalien I 8.
Oktaeteris I 326, II 274, III 525, 795.
Olbia, St. in Gallien I 434.
Olbia, St. am Pontos I 401 ff.
Olen, Seher aus Lykien I 457, 526.
Olenos, Stadtname in Aetolien und
Achaja I 107.
Oligarchen, Partei in Athen. Staats-
streich der II 701 ff. (vgl. Rath der
Vierhundert); nach der Schlacht bei
den Arginusen II 759; nach der
Schlacht bei Aigospotamoi II 777 ff.
(vgl. Dreissig). — s. Aristokratie.
Olpai, St. in Akarnanien II 456 f.
Olympia, St. in Pisatis. Poseidondienst
in I 51; Zeusdienst in I 209. — Fest-
feier und Spiele von: I 211 f., 266,
477 Gründung I 210 unter Lei-
tung von Elis I 211, 215, III 151
unter Leitung von Pheidon I 213,
237 und Sparta I 212, 218, 237, II
578, 603, III 147. — Schatzhäuser in
I 241, 509, 522, 529; Weihgeschenke:
der Kypseliden I 259 f. des Hieron
II 526, 529 der Akragantiner II 529;
Siegerstatuen in I 513; Tempel des

Zeus in I 172; Bild des Zeus von Pheidias II 375. — Schlacht in III 360 f.
Olympiadenrechnung I 494.
Olympias, Gemahlin K. Philippos' von Makedonien III 428.
Olympieion, Heiligthum des olympischen Zeus in Athen I 348; in Akragas II 538; in Syrakus II 632.
Olympiodoros, Athener II 91.
Olympos, Berg in Elis I 209.
Olympos, Geb. in Mysien I 5.
Olympos, Geb. in Thessalien. Grenze von Hellas I 104, III 388.
Olynthos, St. in Thrakien III 594 ff.; im peloponnesischen Kriege II 399, 590 f.; Eroberungen von III 235 f.; im Kriege mit Sparta III 237 ff.; ergiebt sich III 248; Mittelpunkt des Widerstandes gegen Athen III 406; und K. Philippos III 423, 441 ff., 594, 596 ff., 604; von Athen unterstützt III 597 ff.
Omphake, St. in Sicilien I 427.
Omphalion, Pisate I 212.
Omphalos, Nabelstein in Delphi I 468.
Onatas, Bildhauer aus Aegina I 511, 521, II 304 f., 529, 548.
Oneaten, Volksabtheilung in Sikyon I 212.
Oneion, Geb. auf dem Isthmos von Korinth III 336.
Onesilos, Salaminier I 611 f.
Onetor, Athener III 562.
Onomakles, attischer Admiral II 686.
Onomakritos, Athener I 355 ff., II 42.
Onomarchos, Euthykrates' S., Phokeer III 433 f., 437 f., 579.
Onomastos, Agaios' S., Eleer I 249.
Opfer I 452; mantische Bedeutung der I 455 f.
Opheltas, K. der Böoter I 95.
Ophis, Bach in Arkadien II 582, III 232.
Opisthodomos, des Parthenon II 321; als Schatzhaus II 331.
Opus, St. in Lokris II 172.
Orakel. Entstehung I 461; im Dienste des Apollon I 75, 462; Bedeutung I 463, 489 f.; Orakelstätten I 465; poetische Form der Orakelsprüche I 526; Sammlung der Orakelsprüche durch Peisistratos I 356. — In Dodona I 92, 450; am Acheron in Epirus I 263; in Patara I 73; in Thalamai I 163, 205.

Orchestra II 287.
Orchomenos, St., in Arkadien I 154; als Hauptstadt von Arkadien I 192; im Perserkriege II 68, 90; und Mantineia III 323.
Orchomenos, St. in Böotien. Gründung I 77; Böoter in I 95; Bedeutung I 122; Mitglied eines Städtebundes I 89 f.; von Tolmides belagert II 179; im korinthischen Kriege III 180, 205; als selbständig anerkannt III 207; spartanische Partei in III 254; Pelopidas bei III 289 f.; von Theben genommen III 311, 624; im Aufstande gegen Theben III 438; von K. Philippos hergestellt III 718. — Schatzhaus des Minyas in I 77, 129.
Ordessos, St. in Thrakien I 400.
Oreos, St. auf Euboia II 180, 717, 664, 679.
Orestes, angeblich Anführer achäischer Auswanderer I 112; in Taurien I 441; Gebeine des I 169, 208.
Orestes, Dynast von Pharsalos II 174, III 337.
Orestes, Archelaos' S., K. von Makedonien III 757.
Orestia, Stadttheil in Megalopolis III 321.
Orestis, Landschaft in Makedonien III 394, 400.
Orgeonen I 307.
Ornytos, K. von Arkadien I 166.
Oroites, persischer Statthalter in Kleinasien I 585 f., 600.
Oropos, St. am Euripos. Niederlage der Athener bei II 717; im Besitze Thebens III 358, 438; und Athen III 577 f., 590, 722 f.
Orpheotelesten, in Athen III 57.
Orpheus, Krotoniat I 355.
Orpheus, thrakischer Dichter I 356, II 191; Sprüche des III 57.
Orrheskier, thrakischer Volksstamm III 424.
Orsippos, Megareer I 266.
Orthagoras, Tyrann von Sikyon I 240.
Orthagoriden, Tyranneugeschlecht in Sikyon I 240 f., 641, 347.
Orthobulos, Athener III 216.
Ortygia, Insel bei Syrakus I 256, 421, II 510, 646 f.
Oschophoren II 414.
Ossa, Geb. in Thessalien I 8, 100.
Ostrakismos, in Athen, durch Kleisthe-

nes eingeführt I 372, 651, 385; des Hipparchos, Charmos' S. I 372; des Kleisthenes I 376; des Aristeides II 37; des Kimon II 159; des Thukydides, Melesias' S. II 157; des Xanthippos, Ariphron's S. II 209; des Hyperbolos II 586 f., 831. — in Syrakus (Petalismos) II 544.
Otanes, persischer Feldherr I 600, 607, 619.
Othrys, Geb. in Thessalien I 8.
Otys, K. von Paphlagonien III 167.
Oxylos, Aetolier I 107, 152.

Paches, attischer Feldherr II 413, 426, 430 ff.
Pachynos, Vorgeb. Siciliens I 420, 427, II 508.
Päonideu, edles Geschlecht aus Messenien I 286.
Pöonier, thrakischer Volksstamm I 597 f., 608, II 48, III 391, 414, 416.
Paestum s. Poseidonia.
Pagasäischer Meerbusen I 8, 56, 75.
Pagasai, Hafenstadt in Thessalien III 338, 439.
Pagondas, Thebaner II 476.
Paionidai, attischer Demos I 367.
Paktolos, Fl. in Lydien I 81, 557 f.; Sieg des Agesilaos am III 165.
Paktyes, Lyder I 565 f.
Palästra I 481. — s. Gymnasien, Gymnastik.
Palaimon, Heiligthum des auf dem Isthmos II 61.
Palamedes, Heros von Nauplia I 55, 68; Erfinder der Schrift I 79.
Pale, St. auf Kephallenia III 285.
Palikoi, St. in Sicilien. Gründung II 553.
Palladion, Blutgerichtsstätte in Athen I 296.
Pallantiden I 284.
Pallene, Halbinsel der Chalkidike II 351; Colonien in I 410; Brasidas auf II 495; im Besitze von Athen II 590.
Pallene, attischer Demos I 284, 344, 362.
Pamisos, Fl. in Messenien I 10, 145.
Pammenes, Thebaner III 260, 263, 322, 336, 415, 437, 580.
Pamphaes, Ephesier I 556.
Pamphyler, Stamm der Dorier I 105, 145.
Pamphylien, Landschaft in Kleinasien.

Dardaner in I 221; Rhodier in I 427.
Pamphylier, in Erythrai I 116; bei Salamis II 81.
Pan, Grotte des an der Akropolis von Athen II 27.
Panainos, attischer Maler II 301, 308, 375.
Panakton, attische Grenzfeste gegen Böotien II 502, 566 f., 671.
Panathenäen, Athenafest in Athen. Bedeutung I 284; durch Peisistratos erneuert I 351; musische Wettkämpfe eingeführt II 262; Zulassung der Metöken I 371; seit Perikles II 329 ff.; Festzug I 386, II 330 f.; als Finanzperiode II 331.
Pandaros, Heros I 74.
Pandrosos, Heiligthum der auf der Akropolis II 319, 333.
Panegyris, Fest auf Delos I 482.
Pangaion, Geb. in Thrakien I 598, II 142, III 424.
Panionion, ionisches Bundesheiligthum bei Mykale I 224, 491, 615.
Pankration, Vereinigung von Ring- und Faustkampf I 217.
Panormos, St. in Sicilien. Karthager in I 429, II 519; Griechen in I 430.
Pantagnotos, Aiakes' S., Tyrann von Samos I 577.
Pantaleon, Alyattes' S., Lyder I 555.
Pantaleon, Omphalion's S., K. von Pisa I 192, 212.
Pantikapaion, St. auf dem taurischen Chersonnes I 401, 447, 568, III 551.
Panyasis, Dichter aus Halikarnass II 264 f.
Paphlagonier, Volk am Pontos I 399; im Heere des Xerxes II 45.
Paphos, St. in Cypern I 154; Cult der Aphrodite in I 574.
Papyrus II 261.
Parabase II 295, 694.
Parabotai, thebanische Truppe III 271.
Paragraphe III 45.
Paralia, Ostküste von Attika. Bevölkerung von I 280.
Paralier, Küstenbewohner in Attika I 294; als Partei I 336, 339, 363, 367, II 14.
Paralioi, Stamm der Malier in Thessalien I 101.
Paralos, Perikles' S., Athener II 226, 397.

Paralos, attisches Staatsschiff II 705, 712.
Parapotamioi, St. in Phokis III 709.
Paraxia, Landschaft in Makedonien III 394.
Parion, St. am Hellespont. Gründung I 400.
Paris, Priamos' S., Troer I 68, 70, 132.
Parmenides, Philosoph in Elea II 200f.
Parmenion, makedonischer Feldherr III 613, 664.
Parnass, Geb. zwischen Phokis und Lokris I 9, 243, 466, III 709.
Parnes, Geb. zwischen Attika und Böotien I 95, 281, II 673.
Parnon, Geb. in Lakonien I 175, 182, 232.
Paros, Insel im ägäischen Meere, natürliche Beschaffenheit I 602 f.; Miltiades bei II 28; Themistokles bei II 103. — Parier in Milet I 393; auf Thasos II 5. — Marmor von I 579, 602; Demeterdienst in I 64.
Parrhasier, Volksstamm in Arkadien III 321, 324.
Parthenier, Söhne von Achäern und Dorierinnen in Sparta I 195.
Parthenon, Bau des II 320 ff.; Bildwerke des II 322 ff., 819 f.; als Schatzhaus II 245, 331; als Festhaus II 332 f.
Parysatis, K. Dareios' II Gemahlin II 712 f., III 130, 159.
Pasargadai, Hauptstadt von Persien III 130.
Pasargaden, persisches Herrschergeschlecht I 559.
Pasimelos, Korinther III 186.
Pasiphaë, Verehrung der I 162, 205, 459.
Patara, St. in Lykien I 72 f., 465.
Patizeithes, persischer Magier I 588.
Patrai, St. in Achaja II 578, III 190.
Patrokleides, attischer Redner II 779.
Pausanias, K. von Makedonien III 787.
Pausanias, makedonischer Praetendent III 413 f.
Pausanias, Kleombrotos' S., spartanischer Feldherr, bei Plataiai II 90 f.; Pläne des II 114; Führer der hellenischen Flotte II 115 f.; Verrath des II 116 f.; abberufen II 118; Prozess des II 133; Tod II 134.
Pausanias, Pleistoanax' S., K. von Sparta II 430; in Attika II 777, 790, III 36 ff., 752 f.; und Lysandros III 121 f.; und Agesilaos III 154; Feldherr gegen Theben III 172, 174: flüchtet nach Tegea III 175; in Tegea III 231 f.
Pedasos, St. am Ida I 571.
Pedieer, Bevölkerung der attischen Ebnen I 294; als Partei I 335, 340, 367.
Pegai, St. in Megaris II 168, 174, 181, 474.
Peiraieus, Hafenstadt von Athen. Lage I 281, II 17; als Demos I 368; von Themistokles gegründet II 17, 795; von Hippodamos neu erbaut II 313; von Themistokles ummauert II 111; lange Mauern nach dem II 146, 170, 173, 231; Ummauerung vollendet III 277; von den Oligarchen befestigt II 714. — Agesandridas beim II 717; Lysandros im II 790; K. Pausanias im III 38: Teleutias im III 203; von Pollis blokirt III 283; Alexander von Pherai im III 460. -- Beamte im II 112; unter Zehnmännern III 13. — Wettfahrten im II 330; Wasserwerke im II 392; Heiligthum der Aphrodite im III 215; Denkmäler im III 535, 538; alleiniges Stapelrecht des II 259.
Peiraieus (Amisos), St. am Pontus II 251.
Peiraion, St. und Landschaft auf dem Isthmos von Korinth III 188.
Peiraios, Hafenort im saronischen Meerbusen II 681.
Peirene, Quelle auf Akrokorinth I 253f.
Peisandros, Athener aus Acharnai II 608; und der Hermenfrevel II 617, 625; Gegner des Alkibiades II 640; verhandelt wegen der Rückkehr des Alkibiades II 693 ff., 699 f.; Verfassungsumsturz des II 703 f., 706; als Mitglied der Vierhundert II 713 f.; verurteilt II 720.
Peisandros, spartanischer Feldherr III 183.
Peisianax, attischer Baumeister II 301, 317.
Peisistratiden. Wohnsitze der I 332; Herkunft I 334; als Tyrannen I 336 f.; Sturz der I 362; geächtet I 380; in Eretria I 341; in Persien II 4, 42; in Makedonien III 402. — und Sparta I 181. — s. Hegesistratos, Hipparchos, Hippias, Peisistratos.

Peisistratos, Hippokrates' S., Athener. Abstammung I 286; Geburt I 334; erste Tyrannis I 336 f.; zweite Tyrannis I 340; in Eretria I 341; erobert Sigeion I 344; dritte Tyrannis I 345 f.; im Kampfe mit Aigina II 7; Neugestaltung Athens I 349 f.; Sorge für den Cultus I 351 f.; Pflege der Wissenschaft und Kunst I 354 f., II 262; Tod I 358; Politik des I 383, 386, 579; zu den sieben Weisen gerechnet I 500. — und Lygdamis I 604; und Solon I 338.

Peisistratos, attischer Archont I 353.

Peison, Athener, Einer der Dreifsig III 19.

Peithias, Kerkyräer II 446 f.

Peitholaos, Thessaler III 431, 780.

Pelagonen, Völkerschaft in Makedonien III 394.

Pelagos, Wald bei Mantineia III 371, 373.

Pelasger, I 27 ff; identisch mit den Tyrrhenern I 41; identisch mit den Danaern I 81; und Aeolier I 81; mit den Kretern verwandt I 61; mit den Siknlern verwandt I 415. — in Argos I 84; auf Chalkidike II 488; in Kleinasien I 39; auf Skyros II 125. — Gottesdienst der I 46; pelasgischer Zeus I 502.

Pelasgikon, alte Befestigung der Akropolis II 385.

Pelasgos, Stammheros der Pelasger I 153.

Peleus, phthiotischer Heros I 83.

Pelion, Geb. in Thessalien I 8, 75 f., 82.

Pella, Hauptstadt von Makedonien II 773, III 235, 409, 412.

Pellana, St. in Lakonien I 175, III 335, 349.

Pellene, St. in Achaja II 366, 680, III 335 f.

Pelopidas, Hippokles' S., Thebaner. Charakter III 261; und Epameinondas III 263; an der Spitze der verbannten Thebaner III 264; kehrt nach Theben zurück III 265; tödtet den Leontiades III 266; Böotarch III 267; belagert die Kadmeia III 268; und Sphodrias III 273; siegt bei Orchomenos III 289 f.; bei Leuktra III 303 ff.; im Peloponnes III 327 f.; in Thessalien und Makedonien III 346, 412;

aus der Haft befreit III 347; in Susa III 353 f.; fällt in Thessalien III 366.

Pelopiden, Herkunft aus Lydien I 83; im Peloponnes I 84 ff., 130 f., 166, 533. — s. Pelops.

Peloponnesos. Gliederung I 9; Pelopiden und Achäer im I 84; Name I 87; Eindringen der Dorier I 107, 144. — peloponnesischer Krieg s. unter Sparta.

Pelops I 43, 50, 70, 83 f., II 59; in Olympia verehrt I 210, 217, 475. — s. Pelopiden.

Peloros, Vorgeb. Siciliens I 421.

Peltasten, Fufssoldaten III 222.

Pelusium, St. in Unteraegypten. Schlacht bei I 575.

Peneios, Fl. in Elis I 152.

Peneios, Fl. in Thessalien I 8, 82, 93, II 48.

Penesten, hörige Volksklasse in Thessalien I 94, 177, II 755, III 341.

Pentakosiomedimnen, erste solonische Vermögensklasse I 316.

Pentathlon s. Fünfkampf.

Pentelikon, Geb. in Attika I 281, II 21, 273.

Peparethos, Insel im ägäischen Meere III 460, 680.

Perdikkas I, K. von Makedonien I 598, III 401.

Perdikkas II, K. von Makedonien III 401 ff.; und Athen II 351 f., 390, 419 f., 485, 591; und Sparta II 480, 482 f., 496, 584; und Thrakien III 392.

Perdikkas III, K. von Makedonien III 414, 596.

Pergamos, Burg von Troja I 69, 119.

Pergamos, St. in Mysien III 145.

Periandros, Kypselos' S., Tyrann von Korinth I 260 f., 274, 343, 648, 347, 499, 551.

Periandros, Athener III 468.

Perikles, Xanthippos' S., Athener. Abstammung I 256; Jugend und Bildung II 205 f.; öffentliche Stellung II 223 f., 409 f.; innere Politik II 209 f., 256 f.; äufsere Politik II 230 f., 249, 351, 362 ff.; als Feldherr II 174, 176, 178 f., 223, 237 f., 388; Finanzverwaltung des II 224, 244 f., 248; als Redner II 278, 362 f., 390, 395, 436 f.; als Festordner II 282; Privatleben

II 226 f.; leitet die Gründung von Thurioi II 252 f.; Anfeindungen des II 372 ff., 394 ff.; letzte Lebenszeit und Tod II 402 f.; Bedeutung des II 402 ff. — und die Komödie II 374, 461; und die bildende Kunst II 307 ff., 819; und die Philosophie II 270. — und Alkibiades II 570 f.; und Anaxagoras II 270, 374, 377; und Aspasia II 227 f.; und Demosthenes III 730 ff.; und Epameinondas III 375 ff.; und Ephialtes II 170; und Hagnon II 378, 822; und Herodot II 266, 279; und Ion von Chios II 269; und Kallias II 181; und Kimon II 149 f., 174 f.; und Kleon II 387, 396; und Pheidias II 310, 376; und Protagoras II 714; und Sophokles II 229, 291; und Thukydides, Melesias' S. II 186 f.; und Thukydides, Oloros' S. II 279 f., 405.

Perikles, Perikles' S., attischer Feldherr II 756, 759, 765.

Perinthos, St. in Thrakien. Gründung I 577; von den Persern erobert I 597; im neuen attischen Bunde III 419; im Bunde mit K. Philippos III 440; von K. Philippos belagert III 683; und Sparta III 726.

Periöken, Landbevölkerung in Sparta I 177, 180, 184, 186, III 156.

Peripoltas, Prophet der Böoter I 95.

Peripteros I 508.

Perkote, St. am Hellespont II 139.

Perrhäber, Volk in Thessalien I 96; in der delphischen Amphiktyonie I 101, III 629; huldigen den Persern II 66; von Iason bezwungen III 313.

Perseïden I 86, 130, 163.

Persephone, s. Kora.

Perseus I 55, 73, 85, II 59.

Persien, unter medischer Herrschaft I 552, 559; unter Kyros I 599 f.; unter Kambyses I 574 f.; unter Dareios I. I 587, 589 f., II 3 f.; unter Xerxes II 40 f.; unter Artaxerxes I. II 138 f.; unter Dareios II. II 670; unter Artaxerxes II. III 130, 134 ff.; unter Artaxerxes III. III 570. — Ionischer Aufstand I 608 f.; Perserkriege: Entstehung I 620 f.; Zug des Mardonios I 619, II 3; Zug des Datis und Artaphernes II 12 f.; Zug des Xerxes II 43 f.; Ueberlieferung über die II 97 f.; Rückblick auf die II 100 f.; Ende der II 182 f. — und Aegypten I 575, II 39, 43, 140, 157; und Argos II 563; und Karthago II 520; Verhandlungen Athens mit Artaphernes I 376, 382; Stellung zu Athen und Sparta im peloponnesischen Kriege II 479, 669 ff., 679, 740 ff. (s. Pharnabazos und Tissaphernes): Aufstand des Kyros III 130 ff.; im Kriege mit Sparta III 144, 160 ff. (s. Agesilaos); Konon in persischen Diensten III 181; während des korinthischen Krieges III 193 ff.; schließt den Antalkidasfrieden III 205; intervenirt für Sparta gegen Theben III 350; und Theben III 352 ff.; in demosthenischer Zeit III 677 ff., 683.

Pest, in Attika zu Anfang des peloponnesischen Krieges II 391 ff., 451.

Petalismos, Verbannungsgericht in Syrakus II 544.

Petra, Gau von Korinth I 258.

Petra, Pass am Olymp I 96.

Peuketier, Volk in Unteritalien I 415, 521, II 548.

Phäaken, Volk der I 412 f., 476.

Phäaken, Wasserbauten in Akragas II 539.

Phädriaden, zwei Felsen in Phokis I 466.

Phaeinos, Astronom in Athen II 273.

Phaiax, attischer Feldherr II 559, 586.

Phaidon, Sokratiker aus Elis III 258, 493.

Phalaikos, Onomarchos' S., Phokeer III 439, 623, 625 f.

Phalanthos, Herakilde I 195.

Phalanx, spartanische III 301; makedonische III 418.

Phalaris, Tyrann von Akragas II 517.

Phaleron, Hafen von Athen I 294, 368, II 16, 799.

Phalkes, Temenos' S. I 148.

Phanagoria, St. am kimmerischen Bosporos I 402, III 551.

Phanes, Halikarnassier, Feldherr des Kambyses I 575.

Phanodemos, attischer Geschichtschreiber III 520.

Pharis, St. in Lakonien I 166, 169, 201.

Pharnabazos, persischer Satrap II 742 f.; Gegner Athens II 670 f.; verbindet sich mit Mindaros II 726; bei Abydos II 727 f.; bei Kyzikos II 729 f.; am Bosporos II 732, 734 ff.; und Agesilaos III 164, 167 f.; und Alkibiades

II 741, III 16 ff.; und Anaxibios III 140 ff.; und Derkyllidas II 146; und Konon III 157, 159, 182 ff.; und Lysandros III 121 f.; und Sparta II 747.
Pharnakes, persischer Satrap II 398, 497.
Pharsalos, St. in Thessalien, von den Larisäern genommen III 176; Athener bei III 337; spartanische Besatzung in III 338; den Spartanern entrissen III 339; und Jason von Pherai III 340 f.
Phaselis, St. in Pamphylien I 407, II 123, III 449.
Phasis, Fl. und St. in Kolchis I 395, 402.
Phayllos, Krotoniat II 81, 547.
Phayllos, Theotimos' S., Phokeer III 437 ff.
Pheia, Kastell in Elis III 150.
Pheidias, Charmides' S., attischer Bildhauer II 308 ff., 521 f.; als Maler II 318; Thätigkeit am Parthenon II 322 ff.; Athenabilder II 327 f.; in Olympia II 375; Tod II 376.
Pheidon, K. von Argos III 399.
Pheidon, K. von Argos I 271; Zeit des I 641; im Kriege mit Sparta I 192, 213, 236, 273; siegt bei Hysiai I 234, 237; Münz- und Gewichtsystem des I 235; Tod I 237.
Pheidon, Athener, Einer der Dreifsig III 24, 33, 35, 44.
Pheidon, Eleer III 761.
Pheidon, Gesetzgeber in Korinth I 257.
Phemonoe, delphische Priesterin I 526.
Pheneos, St. in Arkadien I 154, 493.
Pherai, St. in Thessalien III 338, 343, 437, 439, 638. — s. Alexandros, Iason.
Pherekrates, attischer Komödiendichter III 83.
Pherekydes, Geschichtschreiber aus Leros II 262.
Pherekydes, Astronom in Syros II 272.
Pherenikos, Thebaner III 265.
Phiditien, gemeinsame Mahlzeiten in Sparta I 181, 183.
Phigaleia, St. in Arkadien I 207, III 315. — Apollotempel in III 533; Demeterstatue in I 511, II 304.
Philaïdai, attischer Demos I 334.
Philaïdai, attisches Geschlecht II 19.
Philaios, Aias' S. II 309.
Philammon, Dichter aus Delphi I 526.
Philippoi, St. in Thrakien III 426 f.
Philippopolis, St. in Thrakien III 682.

Philippos, Astronom in Athen II 273.
Philippos, Thebaner III 262 f., 266.
Philippos, Orontes' S., Makedonier III 404 f.
Philippos II, K. von Makedonien. Charakter III 736 f.; als Geissel in Theben III 413, 415; Thronbesteigung III 416; Reformen III 418 f., 427; griechische Politik III 428 ff., 740 ff.; nimmt Amphipolis III 421 ff.; nimmt Methone III 426; im heiligen Kriege gegen Phokis III 431, 438 f., 624; nimmt Olynth III 604; in Delphi III 627, 631 f.; Schutzherr von Elis, Messenien und Argos III 640; in Epeiros und Aetolien III 665 f.; belagert Perinthos III 683; im Skythenlande III 686, 700; Bundesfeldherr gegen Amphissa III 701; in Elatea III 704, siegt bei Chaironeia III 716 f., 813 f.; nach der Schlacht bei Chaironeia III 717 ff.; im Peloponnes III 724 f. — und Athen III 570, 575, 600, 609 ff., 623 f., 630 f., 632 ff., 640 ff., 660, 662 f., 667 ff. (s. Aischines und Demosthenes); und Byzanz III 677, 684; und Delos III 654; und Euboia III 590; und Olynthos III 441 ff., 596 ff.; und Thessalien III 440, 620 f., 638, 666 ff.; und Thrakien III 425 f., 440, 580, 582, 619, 681.
Philistides, Tyrann von Oreos III 679.
Philistion lokrischer Arzt III 525.
Philistos, Sestier III 792.
Philistos, syrakusanischer Geschichtschreiber II 661.
Philokles, dramatischer Dichter in Athen III 61 f.
Philokles, attischer Feldherr II 769 ff.
Philokrates, attischer Feldherr II 594.
Philokrates, Athener III 610 ff., 614, 616 f., 623, 644, 653, 807.
Philolaos, Bakchiade aus Korinth I 257, III 255.
Philolaos, Pythagoreer aus Kroton III 257.
Philologie, Anfänge der I 355, III 522 f.
Philomelos, Theotimos' S., Phokeer III 433 ff., 789, 806.
Philon, attischer Baumeister III 647.
Philosophie, Anfänge der I 500 f.; II 192 f.; in Athen II 200 f., 270 f., III 89 ff., 491 ff., 543 ff. — s. Sophistik.
Philoxenos, Dithyrambendichter aus Kythera III 79, 531.

Philoxenos, Ptolemaios' S., Makedoner III 413.
Phineus I 76, 395.
Phlegräische Felder, in Campanien I 418.
Phlius, St. im Peloponnes, überseeische Ansiedelungen in I 76; wird dorisch I 148; in den Perserkriegen II 64, 68, 90; von Iphikrates gebrandschatzt III 187; und Sparta III 233 f., 244 ff., 358 f., 368; demokratische Bewegung in III 315; von Argos angegriffen III 335; und Theben III 359, 368.
Phobos, Heiligthum des in Sparta I 205.
Phoenizier, ursprünglicher Wohnsitz I 34; Schiffahrt I 39; aus dem ägäischen Meere verdrängt I 42; Einfluss auf die griechische Religion I 48; Seeraub I 60; Handelsverkehr mit Hellas I 35 ff., 123, II 261; Geldwährung I 235; im Kampfe mit hellenischen Colonisten I 441; Colonisationsthätigkeit I 444, 485. — im Kampfe mit Assyrien I 428; im Bunde mit Persien I 574, 588, II 137; im ionischen Aufstande I 607; gegen Griechenland in den Perserkriegen II 45, 90; im peloponnesischen Kriege II 690, 726. — in Aegypten I 40; in Afrika I 436; in Attika I 280; in Böotien I 79; auf Cypern I 35, 48, 428, 574; am Isthmos von Korinth I 48, 238; in Karthago I 431, II 518 ff.; in Kilikien I 38; in Kleinasien I 114; in Kreta I 62; in Lakonien I 162; am Pontos I 395; in Sardinien I 432; in Sicilien I 57, 419, 428, II 505; auf Tenedos I 67; auf Thasos I 19; in Thrakien I 112. — Schriftgebrauch der I 492.
Phoibia, Namen für Rhegion I 485.
Phoibidas, spartanischer Feldherr III 239 f., 278 f.
Phoinike, St. in Epiros I 92.
Phoinix I 569.
Phokäer, Einwohner von Phokaia, wandern nach Italien I 569; in Elea II 193; in Korsika II 525; in Naukratis I 549. — s. Phokaia.
Phokaia, St. in Ionien. Gründung I 221; Mundart I 223; Kodriden in I 224; Münzprägung in I 229; Verkehr mit Massalia I 393; im Kriege mit Kyros I 564, 568; Auswanderung der Bewohner I 569; Tyrannis in I 593; im ionischen Aufstande I 615. — Colonien von I 407, 432 f., 569.
Phokeer, Bewohner von Phokis s. Phokis.
Phokion, attischer Feldherr. Charakter III 711 f.; Politik III 585 f., 723; bei Naxos III 253; in Euboia III 591 f., 680; in Byzanz III 685 f.; Feldherr gegen K. Philippos III 719, 721 f.; Gesandter bei K. Philippos III 722. — und Aischines III 657; und Demosthenes III 711, 714; und Platon III 509.
Phokis, Landschaft in Mittelgriechenland, in der delphischen Amphiktyonie I 102; in den Perserkriegen II 67 f., 74, 90; im Kriege mit Sparta II 169; im Bunde mit Athen II 172; im heiligen Kriege mit Theben II 178; im peloponnesischen Kriege II 367, 680, 764; im Streite mit Lokris III 170; im korinthischen Kriege III 174, 180; und Theben III 290, 311, 432, 615; im dritten heiligen Kriege III 433 ff., 624 ff.; und Athen III 625 f.; aus der delphischen Amphiktyonie ausgestofsen III 628; Schicksal von nach dem heiligen Kriege III 629 f.; wiederhergestellt III 710; in der Schlacht bei Chaironeia III 716.
Phormion, Akarnane III 744.
Phormion, Asopios' S., attischer Feldherr, im samischen Kriege II 238; bei Potidaia II 353; im korinthischen Golfe II 395 ff.; in Akarnanien II 421; angeklagt II 413, 421, 824.
Phormion, Gesetzgeber in Elis III 546.
Phormis, Komödiendichter in Syrakus II 532, 534.
Phormisios, Athener III 41 f.
Phraortes, K. von Medien I 552.
Phratrien, attische I 288, 645, 307, 323.
Phrixos, Spartaner III 330.
Phrurarchoi II 239.
Phryger, im Heere des Xerxes II 45.
Phrygien, Landschaft in Kleinasien. Bevölkerung und Sprache I 31 f., 65, 543; von Assyrien unterworfen I 67; Arkader in I 153; von Lydien unterworfen I 550. — Verkehr mit Sinope I 399; Einfluss auf die griechische Kunst I 515.
Phrygios, Neleide in Milet I 227.
Phryne, Hetäre aus Thespiai II 536.
Phrynichos, Stratonides' S., Athener, bei Milet II 686 f.; bei Samos II 692f.;

verbandelt mit den Spartanern II 696; des Feldherrnamtes entsetzt II 695; Haupt der oligarchischen Partei II 700, 713 f.; ermordet II 715; Verhandlungen über seine Ermordung II 723.
Phrynichos, attischer Tragödiendichter I 620, II 18, 131, 285, 288.
Phrynichos, attischer Komödiendichter II 629, III 61, 88.
Phrynis, Musiker aus Lesbos III 82 f.
Phrynon, attischer Feldherr I 343.
Phrynon, Athener III 609, 611.
Phthiotis, Landschaft in Thessalien. Vegetation I 4; Sitz der Achäer I 83; Dorier in I 96; in der delphischen Amphiktyonie I 101; von den Spartanern gebrandschatzt II 675.
Phyle, Castell im Parnes, von Thrasybulos besetzt III 24, 29.
Phylen, ionisch-attische I 288, 645, 366; kleisthenische I 767 f.; Stellung der in der Schlacht bei Marathon II 799; Heroen der I 374. — spartanische I 174 f.; in Thurioi II 253.
Phyliskos, Söldnerführer aus Abydos III 350.
Phyllidas, Thebaner III 263, 265.
Phylokypros, K. von Cypern I 331.
Pierien, Landschaft in Makedonien I 409, III 396, 402; Pierier in Thrakien III 424.
Pinakothek, Flügel der Propyläen in Athen II 301, 334, 604.
Pindaros, Ephesier I 556.
Pindaros, Dichter aus Theben I 164, 498, II 53 f., 536 f., III 75, 254. — und die Perserkriege II 59, 102, 281. — Sprache III 255.
Pindos, Geb. in Nordgriechenland I 4, 93, III 389.
Pindos, Fl. und St. in Doris I 97.
Pion, Berg bei Ephesos I 556.
Pisa, St. in Pisatis. Gründung I 153; im Bunde mit Messenien I 192; und Olympia I 209 f.; im Kampfe mit Elis I 212; im Bunde mit Pheidon I 213; zerstört I 215. — Grab des Pelops in I 84.
Pisai, St. in Etrurien II 525.
Pisatis, Landschaft in Elis III 151.
Pisindelis, Halikarnassier II 265.
Pisistratiden, s. Peisistratiden.
Pissuthnes, persischer Satrap II 237, 419, 421, 431, 670, 742 f.

Pitane, Ort in Lakonien I 163, II 92.
Pitane, St. in Samnium I 426.
Pithekusen, Inseln bei Campanien I 417.
Pittakos, Mytilenäer I 648; vertheidigt Sigeion I 343; als Aisymnet I 344; Einer der sieben Weisen I 499.
Planeten, Verehrung der I 48, 50, 80.
Plastik, unter priesterlichem Einfluss I 510 f.; älteste I 126, 514 f.; im fünften Jahrhundert II 303 ff.; im vierten Jahrhundert III 382, 532 ff.
Plataeer, bei Marathon II 21, 27; in Skione II 564; in Athen III 294. — s. Plataiai.
Plataiai, St. in Böotien, in Feindschaft mit Theben I 375 f., II 57; im Bunde mit Athen I 375 f., 651, II 8, 181; in den Perserkriegen II 64, 94 f.; Mardonios bei II 89 f.; Schlacht bei II 92 f., 105, 803; unverletzlich erklärt II 96; von Theben überfallen II 382 ff., 822; von Sparta belagert II 426 ff., 441; ergiebt sich II 412; Einwohner von Sparta hingerichtet II 415; Wiederherstellung der Stadt III 207; im Bunde mit Sparta gegen Theben III 368; spartauische Partei in III 284; neue Zerstörung der Stadt III 290; von K. Philippos wiederhergestellt III 718. — Tempel der Athena Areia in II 301.
Platanistas, Oertlichkeit in Sparta I 186.
Plateia, Insel bei Libyen I 437.
Platon, attischer Komödiendichter III 55, 87.
Platon, Ariston's S., attischer Philosoph. Abstammung I 286; Leben und Philosophie III 500 ff.; Sprache III 505 f.; Dialoge III 506 ff.; als Dichter III 547 f. — und Demosthenes III 562; und der jüngere Dionysios III 547 f.; und Eudoxos III 523; und Perikles II 405; und K. Philippos III 415; und Xenophon III 499 f., 508. —und die Komödie III 529 f.; und der Staat III 547 f.; über Homer I 137; über die Perserkriege II 99.
Pleiaden, zur Zeitbestimmung angewendet I 122, 473.
Pleistarchos, Leonidas' S., K. von Sparta II 90, 133.
Pleistoanax, Pausanias' S., K. von Sparta, unter Vormundschaft II 169; Feldzug gegen Attika II 180, 226;

Verbannung und Rückkehr II 491 f.;
Friedenspolitik II 501; Zug gegen
Arkadien II 565; und die Ephoren
II 566; Tod II 777.
Pleistos, Fl. in Phokis I 243, 466.
Plemmyrion, Vorgeb. bei Syrakus II
646.
Plutarchos, Tyrann von Eretria III
590, 592, 680.
Pluto, Stammmutter der Pelopiden I
130.
Plynterien, Fest der Athena in Athen
I 386, II 333, 749.
Pnyx, Hügel bei Athen, Platz der
Volksversammlung I 348, II 704, 715,
III 26, 40.
Podanemos, Phliasier III 246.
Poesie, Anfänge der I 522 f. -s. Drama,
Epos, Lyrik.
Poikile, Halle im Kerameikos zu
Athen II 317.
Polemarchos, einer der neun attischen
Archonten I 292, II 21. — Polemarchen
in Theben III 269.
Polemarchos, Athener, Bruder des Ly-
sias II 817, III 109, 515.
Polemarchos, Spartaner I 194.
Pollis, spartanischer Admiral III 283.
Polos, Sophist aus Akragas III 99, 513.
Polos, attischer Schauspieler II 299.
Polyanthes, Korinther III 170.
Polybiades, spartanischer Feldherr III
248.
Polybios, über die demosthenische Zeit
III 735 f., 738.
Polydamas, Pharsaler III 340 f., 345.
Polydoros, K. von Sparta I 190, 193 f.
Polydoros, Thessaler III 345.
Polyeidos, makedonischer Ingenieur III
683.
Polyeuktos, Athener aus Sphettos III
650.
Polygnotos, Aglaophon's S., Maler aus
Thasos I 497, II 301 ff., 308, 325.
Polykleitos, Bildhauer aus Sikyon II
306 f. — Söhne des II 407.
Polykrates, Tyrann von Samos I 576;
gelangt zur Alleinherrschaft I 577,
662; Regierung des I 578 f.; als Be-
förderer der Kunst I 357, 581; im
Bunde mit Persien I 583; im Kriege
mit Sparta I 361, 584 f.; Verbindung
mit Oroites I 585; Tod I 586.
Polykrates, Sophist III 491, 759, 561.
Polykritos, Krios' S., Aigiaet II 799.

Polykritos, Arzt aus Mende III 159.
Polymedes, Thessaler III 338.
Polymnis, Thebaner III 257 ff.
Polyphron, Thessaler III 345.
Polystratos, korinthischer Söldner-
führer III 221.
Polytropos, Söldnerführer III 324.
Polyzeleion, Gehöft in Sicilien II 659.
Polyzelos, Deinomenes' S., Syrakusaner
II 524.
Pontos Euxeinos (schwarzes Meer),
natürliche Beschaffenheit I 396; Co-
lonien am I 266.
Porinos, attischer Architekt I 357.
Porphyrion, K. von Attika I 56.
Porthmos, Hafenstadt in Euboia III 591.
Porträts, plastische III 539.
Poseidon, ionischer Ursprung I 50; als
Bundesgott I 98, 223. — Verehrung
in Attika I 280, 282; in Elis I 153;
in Eleusis I 284; in Helike I 108;
auf dem Isthmos von Korinth I 479,
II 61; auf Kalauria I 88; in Korinth
I 254; in Libyen I 405, 436; in Su-
nion II 32, 311; auf Tainaros I 163;
in Thessalien I 94. - -Poseidon Erech-
theus II 319; Hippios II 704.
Poseidon, Vorgeb. von Pallene II 496.
Poseidonia, St. in Lukanien. Gründung
I 424.
Potidaia, St. in Thrakien. Gründung I
411; in den Perserkriegen II 90; fällt
von Athen ab II 351, III 406; Schlacht
bei II 352 f.; Sokrates in der Schlacht
bei II 574; von Athen belagert II
396; von Athen genommen II 399;
attische Kleruchen in II 590; von
Olynthos gewonnen III 423; unter
attischer Botmäfsigkeit III 458.
Prasiai, St. in Argolis I 88, II 394,
672.
Pratinas, Tragödiendichter aus Phlius
II 254 f.
Praxiergiden, attisches Priesterge-
schlecht I 386, II 750.
Praxiteles, attischer Bildhauer III 382,
534, 536 f.
Priamos, K. von Troja I 45, 90, 119,
132.
Priene, St. in Ionien. Mundart von I
223; im Kampfe mit Karern I 221;
von den Lydern erobert I 548; von
Mazares verwüstet I 567; im ioni-
schen Aufstande I 615; Streitobject
zwischen Samos und Milet II 236.

Priester, im homerischen Epos I 134; Bedeutung und Stellung der I 451 f.; und die Mantik I 461. — Verzeichnisse von Priestern I 493 f. — s. Delphi.
Probuleu, attische Behörde II 676, 695, 703.
Prochyte, Insel bei Campanien I 417.
Prodikos, Sophist aus Keos II 271 f., 554, 571, III 99 f, 533.
Proitos, K. von Argos I 55, 85.
Prokles, attischer Feldherr II 455.
Prokles, Tyrann von Epidauros I 263 f., 271.
Prokles, Phliasier III 455.
Prokles, Herakliide I 165, 168, 174.
Prokliden, spartanisches Königsgeschlecht II 10.
Prokonnesos, Insel in der Propontis, von Milet colonisirt I 411; von Kyzikos besetzt I 400; und Athen III 579, 677.
Proedren, in Athen III 647.
Prologe, der Tragödien III 76 f.
Promantria, in Delphi III 633.
Prometheus, Thessaler II 788, III 780.
Pronektos, St. in Bithynien I 395.
Propontis (Marmara-Meer). Völker an der I 32; Colonien an der I 266.
Propyläen, in Athen. Bau der II 334, 338.
Prosa, Beginn der II 276 ff.; attische III 505.
Prosopitis, Insel im Nil II 174.
Protagoras, Sophist aus Abdera. Lehre des II 201, III 99; als Sprachforscher III 512; in Thurioi II 253; in Athen angeklagt II 714, III 59, 67; und Alkibiades II 571; und Aristippos III 98; und Euripides III 65; und Perikles II 207.
Proteus, Meergott I 51.
Prothoos, Spartaner III 300.
Protomachos, attischer Feldherr II 756.
Proxenia, in Delphi I 489.
Proxenoi, attische II 260, 424.
Proxenos, attischer Feldherr III 625.
Proxenos, Syrakusaner II 741.
Proxenos, Tegeat III 325.
Proxenos, Thebaner, Feldherr des Kyros III 138, 497.
Proxenos, thebanischer Feldherr III 710.
Prymnesos, St. in Phrygien I 65.
Prytaneion, in Athen I 289, 291.

Prytanen, attische I 291; als Vorsteher der Naukrarien I 293, 295; als geschäftsleitender Ausschuss des Rathes II 763. — in Korinth I 255 f.
Prytanie, Verwaltungsperiode in Athen I 369; auf attischen Urkunden angegeben III 50.
Psammetichiden, aegyptische Dynastie I 560, 573, 575.
Psammetichos, K. von Aegypten, eröffnet den Griechen das Nilland I 274, 405 f.
Psammetichos, Gordias' S., Tyrann von Korinth I 265, 274.
Psamtik s. Psammetichos.
Psenophis, Priester in Heliupolis I 331.
Psyttaleia, Insel bei Salamis II 80, 82.
Pteria, St. in Kappadocien I 561.
Ptoion, Berg und Apolloheiligthum in Böotien I 465.
Ptolemäos, makedonischer Praetendent III 346, 412 f.
Pulytion, Athener II 619.
Purpurfischerei, im mittelländischen Meere I 35 f.; in Kreta I 61; im Meerbusen von Gytheion I 162; in Eretria I 408; im krisäischen Meerbusen I 413; im Golf von Tarent I 422, 424.
Pydna, St. in Makedonien III 403, 406, 421, 423, 458.
Pylagoren, Amt der in Delphi III 697.
Pylaia, Oertlichkeit in Delphi I 483.
Pylos, St. in Elis III 360.
Pylos, St. in Messenien. Minyer in I 110; von Sparta genommen I 201; Kämpfe bei II 460 ff., 466 ff.; Bestimmung über die Rückgabe an Sparta II 502, 566; von Athen besetzt II 566 f., 580, 677; von Athen verloren II 737, 837; erneuert III 331.
Pyrgoi, St. in Etrurien II 525.
Pyrilampes, Athener II 373.
Pyrrha, St. auf Lesbos II 422.
Pyrrhos, Pisat I 211.
Pythagoras, Milesier I 614.
Pythagoras, Philosoph aus Samos, wandert nach Italien I 583; Lehre des I 498, 501, 537, II 193 f., 199; und Epicharmos II 533.
Pythagoreer I 502, II 194; in Kroton I 537, II 547; in Theben III 257. — s. Pythagoras.
Pythermos, Phokäer I 564.

Pythiasten, priesterliche Familie in Athen I 459.
Pythien, Fest des Apollo in Delphi I 246 f., III 632; Ausschluss von Sparta III 312.
Pythier, Vertreter Delphi's in Sparta I 184, 533.
Pythion, St. in Thessalien I 97 f.
Pythion, Apolloheiligthum in Attika II 386.
Pytho s. Delphi.
Pythodoros, attischer Archon II 413, 556, 612, III 12, 42, 108.
Pythokleides, Pythagoreer aus Keos II 207.
Pythokles, Athener III 644.
Python, Mörder des Kotys III 547.
Python, Redner aus Byzanz III 662 f., 707.
Pythonikos, Athener II 619.
Pythopolis, Stadtname in Bithynien und Karien I 453.

Ramessiden, ägyptische Dynastie I 575.
Ramses, K. von Aegypten I 40; Coloss des I 406.
Rath, in Athen: der Vierhundert durch Solon eingesetzt I 317, 320; der Fünfhundert von Kleisthenes eingesetzt I 369; der Dreihundert unter Isagoras I 373; Sold des Rathes II 220; Aufsicht über die Flotte II 233; als Finanzbehörde II 247 ff.; von den Oligarchen aufgelöst II 704; oligarchischer Rath der Vierhundert II 704, 712 ff., 718, 720; unter den Dreifsig III 12 f.; unter Thrasybul wiederhergestellt III 46; aufserordentliche Vollmacht in demosthenischer Zeit III 709. — Rath in Sparta (Gerusia) I 173.
Recht, im homerischen Epos I 131; heiliges in Olympia I 211; Völker- und heiliges Recht durch das delphische Orakel bestimmt I 468 f., 532 f. — s. Erbrecht, Gerichte, Gesetze, Lykurgos, Solon.
Reliefs, attische III 539 f.
Religion. Charakter der griechischen I 451 f.; älteste Vorstellungen I 46 ff.; Verfall der III 56 ff.; und die Kunst I 502 ff., 510 ff., II 325 f. — s. Götter.
Rhadamanthys, in Böotien I 79; Satzungen des I 131.

Rhamnus, St. in Attika. Tempel der Nemesis in II 312.
Rhapsoden I 523; in Athen I 351 f., II 190, III 527.
Rhegion, St. in Bruttium. Gründung I 418, 485; Bevölkerung II 531; Messenier in I 202, III 313, 332; Verfassung von I 535; Phokäer in I 569; unter Tyrannen II 518, 521 (s. Anaxilaos); wird Republik II 543; unterstützt Tarent II 548; und Athen II 554, 556, 623. — Kunst in II 531; Münzen von II 529.
Rhegnidas, Temenide I 148.
Rhenaia, Insel im ägäischen Meere I 579, II 458 f.
Rhetorik s. Beredsamkeit. — rhetorischer Unterricht in Athen III 27.
Rhinon, Athener, Einer der Dreifsig III 33.
Rhodanus, Fluss in Gallien. Phokäer am I 433.
Rhodanusia, St. an der Rhone. Gründung i 432.
Rhode, St. in Iberien I 435, 656.
Rhodope, Geb. in Thrakien III 390.
Rhodos. Cult des Melkar auf I 49: Danaos auf I 56, 85; von Argos colonisirt I 114; Aegiden in II 510; im peloponnesischen Kriege II 622, 698, 747; fällt von Sparta ab III 182; Zug Spartas gegen III 197, 201; im Bunde mit Theben III 365; fällt von Athen ab III 467; von Karien abhängig III 582; unterstützt Athen gegen K. Philippos III 677, 685. — Colonien von I 407, 427, 432; Rhodier in Iberien I 433; in Sicilien II 507, 519. — Producte von II 261; Vasen aus I 514; Münzen von III 210, 427.
Rhoikos, Künstler aus Samos I 518.
Rhyndakos, Fl. in Kleinasien I 546.
Richter, Gaurichter in Attika I 322. — s. Gerichte.
Ritter, zweite solonische Vermögensklasse I 316; stehende Truppe in Athen II 384, 414 f.; unter den Dreifsig III 19, 44; nach der Amnestie III 112 f.

Sabazios, phrygischer Gott I 65, II 409; Verehrung des in Athen III 56.
Sadokos, Sitalkes' S. Odryse II 398, III 392.

Sadyattes, K. von Lydien I 550.
Saïs, St. in Aegypten I 405.
Saken, skythisches Volk I 398, III 23, 43.
Salaithos, Spartaner II 430, 432, 437 f.
Salaminia, attisches Staatsschiff II 212, 624.
Salamis, Bedeutung des Namens I 48; natürliche Beschaffenheit II 76; Phönizier in I 280; Kampf um zwischen Athen und Megara I 277; von Athen gewonnen I 304; Athener flüchten nach II 75; Schlacht bei II 76 f., 803, 191; von den Spartanern verheert II 420; Salaminier von den Dreifsig hingerichtet III 31.
Salamis, St. auf Cypern. Name I 48; persische Partei in I 574; ergiebt sich den Persern I 612; Schlacht bei II 177; unter Euagoras III 210.
Salmoneus I 81.
Same, Name für Kephallenia I 55. — s. Kephallenia.
Samidas, Thebaner III 274.
Samikon, St. in Messene I 98.
Samikon, St. in Triphylien I 58, 214.
Samos, Insel im ägäischen Meere. Name I 58; von Epidauros colonisirt I 114, 116; in Fehde mit Milet I 230; im Bunde mit Chalkis I 231, 236, 411; in Verbindung mit Aigina I 520; im Bunde mit Persien I 575; unter Tyrannen I 576 f., 593; im ionischen Aufstande I 615 f.; in den Perserkriegen II 104; im attischen Bunde II 106; beauftragt die Verlegung der delischen Kasse nach Athen II 164; und Athen II 236 f., 655 f., 780; Alkibiades bei II 750; von Sparta gewonnen III 201; von Timotheos genommen III 457; im Bunde mit Rhodos III 467; im Bundesgenossenkriege III 469; unter Kyprothemis III 470. — Samier in Naukratis I 407; in Iberien I 433, 435. — Mundart von I 223; Cult der Hera in I 576, III 120 (s. Heraion); Kunst in I 518, 520; Erfindung des Erzgusses in I 517, 577; Schrift in III 50. — Kriegskasse der Athener in II 837.
Samothrake, Insel im thrakischen Meere. Name I 58; Verehrung der Kabiren I 50; des Dannos I 56; des Poseidon I 69.

Sandoniden, lydische Dynastie I 114, 572.
Sane, St. auf Chalkidike II 590.
Sangarios, Fl. in Phrygien I 32, 65.
Sanherib, K. von Assyrien I 428.
Sappho, Dichterin aus Mytilene I 529.
Sardes, St. in Lydien I 224; Alkmaion in I 335; Bedeutung von I 516; Kimmerier in I 549; unter Kroisos I 558; von Kyros genommen I 562; Hauptstadt von Mysien I 592; von den Ioniern genommen I 610.
Sardinien. Phönizier und Griechen in I 57, 431 f., 444; Karthager in II 519.
Sardo, Insel im tyrrhenischen Meere I 570. — s. Sardinien.
Sargon, K. von Assyrien I 428.
Sarissa, makedonischer Speer III 418.
Sarmaten, Volk am asowschen Meere I 401.
Sarpedon, Heros I 72, 74, 121.
Satrapen, persische I 590 f.; Münzen der I 592.
Satrer, thrakischer Volksstamm III 424.
Satyros, Athener, Einer der Elfmänner III 15.
Satyros, attischer Schauspieler III 529, 561, 605.
Satyros, K. am Bosporos III 483.
Satyrspiele. Entstehung II 283 ff.; des Achaios III 60; und Euripides III 87.
Schaar, heilige, der Thebaner III 274, 716.
Schatz, attischer II 244 f., 332, 599, 682. — Schatzämter II 247, 331, III 49, 213, 692. — Schatz des delischen Bundes s. unter Bund.
Schatzhaus, des Minyas in Orchomenos I 77. — s. unter Delphi und Olympia.
Schatzung, solonische I 315 f.; unter Nausinikos III 280, 448.
Schauspieler, in Athen III 528.
Schiffbau, in Korinth II 654. — s. Trieren.
Schreiber, öffentliche in Athen II 112, III 51.
Schrift, von Palamedes erfunden I 55; von den Gephyräern nach Attika gebracht I 255; schriftliche Aufzeichnung der Epen I 335; Gebrauch der I 491 f., II 276; Richtung der I 493; unter priesterlichem Einfluss I 491, 658 f.; Reform unter Eukleides III 50, 754 f.

Schuldrecht, attisches I 295; durch Solon reformirt I 312.
Schutzverwandte s. Metöken.
Seebund, attischer s. Bund.
Seisachtheia, solonische in Athen I 314.
Selasia, St. in Lakonien I 175, 182, III 328.
Selinus, St. in Sicilien. Gründung I 428, II 508; im Bunde mit Karthago II 521; im Kampfe mit Egesta II 559 f.; unterstützt Syrakus gegen Athen II 656; von den Karthagern zerstört II 664, 742; Münzen von II 540.
Selloi (Helloi), Zeuspriester in Dodona I 92.
Selymbria, St. in Thrakien II 736.
Semachidai, attischer Demos I 352.
Semnai, s. Erinyen.
Senat, s. Rath.
Sestos, St. am Hellespont. Aeolier in I 112; von Athen genommen II 106; von Lysandros genommen II 776; Lysandros in III 121; von Kotys genommen III 463; von Chares genommen III 550; im Besitz des Timotheus III 479.
Seuthes, Sparadokos' S., K. der Odrysen II 769.
Seuthes, Maesades' S., K. der Odrysen II 420, III 142, 392 f.
Sicilien, natürliche Beschaffenheit und Bevölkerung II 504 ff.; Phönizier und Griechen in I 57, 419; Dardaner in I 221: Colonien in I 419, 445, II 519. — Geschichte von II 504 ff.; nach dem Sturze der Tyrannis II 545 ff.; und Athen II 552, 595 ff.; sicilische Expedition der Athener II 621 ff. — Dichtkunst in II 529 ff.; Münzen II 552.
Sidon, St. in Phönizien I 34; Colonien von I 50; Industrie I 122 f.; von Sanherib erobert I 428; unter persischer Herrschaft II 519 f.
Sidus, Kastell bei Korinth III 186.
Sigeion, St. in Troas. Gründung I 113; Kampf um zwischen Athen und Mytilene I 343, 346; von Chares genommen III 470, 479 f.
Sigyneo, Name der Phokäer in Gallien I 435.
Sikaner, Volksstamm in Sicilien I 429.
Sikanos, syrakusanischer Feldherr II 634.

Sikelioten, hellenische Bevölkerung Siciliens I 445, II 506.
Sikuler, Volk in Sicilien I 419, 428, 445, II 505, 521, 542, 545 f.
Sikyon, St. im Peloponnes. Gründung I 238; wird dorisch I 148 f., 151, 238; im Bunde mit Messenien I 192; unter den Orthagoriden I 239 ff.; und Argos I 241 f.; im heiligen Kriege gegen Krisa I 246, 308; Sturz der Tyrannis I 251; in den Perserkriegen II 64, 90, 104; und Athen II 173 f., 179, 495; während des peloponnesischen Krieges II 585, 650; von Iphikrates gebrandschatzt III 157; im Bunde mit Theben III 336; demokratische Umwälzung in III 357. — Architektur in I 241; Skulptur in I 520 f., II 304; Malerei in III 541; Industrie von III 261; Cult des Herakles in I 49.
Silanion, attischer Bildhauer III 539.
Silbergeld, in Athen I 312.
Silphion, aus Kyrene I 438, 656, II 261.
Simmias, Athener II 396.
Simmias, Sokratiker aus Theben II 257 f., 264.
Simois, Fl. in Troas I 69 f. — Bach in Epirus I 93.
Simon, Schuhmacher in Athen III 496.
Simonides, Dichter aus Keos II 42, 52 f., 63 f., 97, 281; in Sicilien III 357, 536; und die Schrift III 50.
Simylos, Kerkyräer III 285.
Singos, St. auf Chalkidike II 590.
Sinope, St. in Paphlagonien. Gründung I 393, 395, 400, 403; Neugründung I 400, 653; Verkehr mit Milet I 393; Handel von I 402; Kimmerier in I 549.
Siphai, St. in Böotien I 76, II 476.
Siphnos, Insel im ägäischen Meere I 579, 585.
Sipylos, Stadt und Berg in Lydien I 70 f., 130.
Siris, St. in Grofsgriechenland. Gründung I 423, 425; Verkehr mit Sikyon I 241; zerstört II 547.
Sisyphos I 56, 81, 251; Grab des II 61.
Sitalkes, König der Odrysen II 389, 398, 420, III 391 f., 406.
Sithonia, Landzunge von Chalkidike I 410, II 489, 590.
Sitophylakes, attische Behörde II 112.
Skamandronymos, Lesbier I 343.

7

Skamandros, Fl. in Troas I 68 ff.
Skardos, Geb. in Makedonien III 390.
Skepsis, St. in Aeolis II 139.
Skias, Versammlungshaus in Sparta I 518.
Skiathos, Insel bei Magnesia II 72, III 579.
Skillus, St. in Triphylien III 498.
Skione, St. auf Pallene, von Brasidas genommen II 495; von Athen genommen II 564, 590; attische Kleruchen in II 838; Rückkehr der vertriebenen Einwohner II 777, III 7.
Skiritis, Landschaft in Lakonien III 727.
Skironides, attischer Admiral II 686, 695.
Sklaven I 51 f.; im homerischen Epos I 123; aus dem Pontos I 399; Menge der II 51, 802. — in Athen II 214; Desertion der nach der Besetzung von Dekeleia II 674; zum Flottendienst aufgeboten II 756, 838; zum Heerdienst aufgeboten III 720. — in Sparta, s. Heloten.
Skolos, St. in Makedonien II 502, 590.
Skoloten, einheimischer Name der Skythen I 398.
Skombros, Geb. in Thrakien III 391.
Skopaden, edle Familie in Thessalien I 246, 249, II 64, III 338, 341.
Skopas, Dynast von Krannon III 96.
Skopas, Bildhauer aus Paros III 382, 534 ff., 540.
Skope, Höhe bei Mantineia III 373.
Skulptur s. Plastik.
Skyles, Skythe III 552.
Skylla I 222.
Skyllaion, Vorgeb. in Argolis II 579.
Skyllaion, Fels in Bruttium II 526.
Skyllis, Bildhauer aus Kreta I 160, 520.
Skyros, Insel im ägäischen Meere II 125; von Kimon genommen II 127; attische Kleruchen in II 249; unter attischer Herrschaft III 195, 205, 579.
Skytalismos in Argos III 316.
Skythen, Volk am Pontos. Herkunft I 16, 652; Charakter und Lebensweise I 398; am kaspischen Meere und in Medien I 549; Zug des Dareios gegen die I 594 ff.; und K. Philippos III 686. — als Bogenschützen II 424.
Skythes, Stammheros der Skythen I 443.

Skythes, Tyrann von Zankle I 616, II 509, 828.
Smerdis, Kyros' S., Perser I 588.
Smilis, Künstler aus Aigina I 520 f.
Smindyrides, Sybarit I 248.
Smyrna, St. in Ionien. Tantaliden in I 70; Einwanderungen in I 229; im Kampfe mit den Lydern I 548; verliert seine Selbständigkeit I 556. — Heimat des Epos I 120.
Sodamas, Argiver III 170.
Söldnerwesen III 220, 222 ff., 318, 477.
Sogdier, persisches Volk II 11.
Sokrates, Sophroniskos' S., Athener. Persönlichkeit III 90 ff.; Wirksamkeit und Charakter III 92 ff., 496; öffentliche Stellung III 106 ff.; Lehrweise III 506; Ethik des III 109 ff.; im Arginusenprocess II 763; angeklagt III 113 f.; verurteilt III 115; Tod III 116; Umstimmung der Athener nach seinem Tode III 491; Schüler des, s. Sokratiker. — und die sicilische Expedition II 615; und die Sophisten III 97 f.; und der Staat III 543. — und Alkibiades II 572 ff., III 93 f.; und K. Archelaos III 410; und Aristophanes III 106 f.; und Aspasia II 227; und Euripides III 65, 86; und Isokrates III 509; und Kritias II 786; und Phaidon III 493; und Platon III 500, 506 f.; und Xenophon III 497.
Sokratiker III 492 ff., 544.
Sold, öffentlicher in Athen II 216, 813; der Truppen II 215; der Gerichte II 216, 433; der Volksversammlungen II 220; abgeschafft II 702, 704, 719; wieder eingeführt II 731; unter Eukleides beseitigt III 49; wieder eingeführt III 213.
Sollion, St. in Akarnanien II 562.
Solocis, St. in Sicilien. Karthager in I 429, II 519.
Soloi, St. in Cypern I 612.
Solon, Exekestides' S., Athener. Abstammung I 286; Jugend und Bildung I 301 f.; als Archon I 327; Reisen des I 330 f.; Gegner des Peisistratos I 336; setzt den öffentlichen Vortrag Homers ein I 354; als Dichter I 303 f., 328, 498, II 190; Einer der sieben Weisen I 499; Tod I 339. — Gesetze des: I 306 f., 309 f., 364, II 216 Bedeutung derselben I 383 am Markte

aufgestellt II 161 Restitution unter Eukleides III 46. — und Delphi I 308; und Kleisthenes I 364, 366; und Kroisos I 561; und Miltiades I 339; und Peisistratos I 338.
Solygeion, Hügel auf dem Isthmos von Korinth II 471.
Solymer, Volk in Lykien I 38, 72.
Sonchis, Priester in Sais I 331.
Sophistik (Sophisten) in Athen II 201 f., 271 f., 792, III 97 ff., 548. — und Euripides III 74 f.; und Sokrates III 97 f.
Sophokles, Sophillos' S., attischer Tragödiendichter II 267, 291 ff; als Feldherr II 237; Tod II 773, III 61; Bestattung III 756. — und K. Archelaos III 410; und Aristophanes III 774 f.; und Euripides III 65, 68; und Ion von Chios II 269; und Perikles II 229. — Standbild des III 745.
Sophokles der Jüngere, attischer Tragödiendichter III 61 f.
Sophokles, attischer Probule II 835.
Sophokles, Sostratides' S, attischer Feldherr II 413; bei Pylos II 59 f.; bei Kerkyra II 472; in Sicilien II 556.
Sophron, Mimendichter in Syrakus III 534.
Sophronisten, attische Behörde II 161.
Sosikles, Korinther I 382.
Sostratos, Aeginet II 6.
Spanien s. Iberien.
Sparta. Name I 164; Entstehung der Stadt I 14; Bauart der Stadt I 176, 185; Ansiedlung der Dorier I 163; Königthum in I 165 f.; Gesetzgebung des Lykurgos I 169 f.; erster und zweiter messenischer Krieg I 189 f.; im Kriege mit Arkadien I 207; im Bunde mit Elis I 192, 211; Einfluss auf die olympische Feier I 212; Kämpfe mit Argos I 232 f.; im Kampfe gegen die Tyrannis I 271 f., 361, 372 f., 584; vorörtliche Stellung I 278; unter K. Kleomenes im Kriege mit Athen I 166, 362; im Bunde mit Kroisos I 560; Aristagoras in I 609; in den Perserkriegen II 8, 26, 55 f., 61, 68 f., 88 f.; gegen den attischen Mauerbau II 108 f.; verliert den Oberbefehl II 119; im Bunde mit Thasos II 143 f.; Aufstand der Messenier und Heloten (dritter messenischer Krieg) II 144, 153 f., 173; im Kriege mit Arkadien II 166; im Kriege mit Phokis II 169 f.; Sieg über die Athener bei Tanagra II 171; Zug des K. Pleistoanax nach Attika II 180; Waffenstillstand mit Athen II 176; dreifsigjähriger Frieden II 181 f. —
im peloponnesischen Kriege II 351 ff.: Züge des K. Archidamos nach Attika s. Archidamos; Zug des Agis II 461; Kämpfe bei Pylos II 461 f., 467 f.; verhandelt mit Athen II 463 ff., 468; Züge des Brasidas s. Brasidas; schliefst Waffenstillstand II 495; schliefst den Niklasfrieden II 502; nach dem Frieden II 561 ff., 577, 579 ff., 592; Expedition nach Sicilien II 642 ff.; verhandelt mit Persien II 669 ff.; besetzt Dekeleia II 673; im dekeleischen Kriege II 678 ff.; siegt bei Aigospotamoi II 770; Friedensverhandlungen II 781 ff.; Friedensschluss II 785. —
nach dem Falle Athens III 3 ff.; intervenirt in Athen III 37 ff.; innere Zustände nach dem peloponnesischen Kriege III 122 ff.; und Persien III 130 ff.; im Kriege mit Elis III 147 ff., 761; unter Agesilaos III 154 ff.; im korinthischen Kriege III 169 ff.; schliefst den Antalkidasfrieden III 205; nach dem Antalkidasfrieden III 225 ff.; und Theben III 268, 273 ff., 294 ff., 300 ff., 326 ff., 368 ff.; und Athen III 282 f., 285 f., 288 ff., 294 ff., 453, 455; im Bunde mit Elis III 360; und Arkadien III 367 f.; in demosthenischer Zeit III 439, 576 f., 579, 626, 628, 640, 658, 661, 725 f. —
Metallfabriken in I 409; Mantik in I 459; Gymnastik in I 476; Kunst in I 516, 521; Siegesdenkmäler in III 123; Musik in III 82 f.
Spartiaten, Bürger von Sparta I 177 f., 182.
Spartokiden, Herrschergeschlecht in Pantikapaion I 417, III 453, 551.
Spartolos, St. in Chalkidike II 399, 590.
Spercheios, Fl. in Thessalien I 83, II 67.
Sphakteria, Insel bei Messenien. Spartaner auf II 461 ff.
Sphettos, attischer Demos I 285.

7*

Sphodrias, spartanischer Feldherr III 274 ff., 773, 305, 417.
Spiele I 475 f.; Einfluss auf die Sculptur I 513 — s. Delos, Nemeen, Isthmien, Olympia, Panathenäen, Pythien.
Spintharos, Architekt aus Korinth I 508.
Spithridates, Perser III 167.
Stadion, in Athen III 745; in Olympia I 217.
Stagira (Stageiros), St. auf der Chalkidike. Gründung I 412; von Brasidas gewonnen II 454; und Athen II 502, 590.
Stasippos, Tegeat III 325.
Stater, phokäischer I 229, 312; des K. Pheidon I 235; lydischer I 557; persischer I 591; korinthischer II 551 f.; philippischer III 427.
Stenyklaros, St. in Messenien I 145 f., 190.
Stephanos, Athener III 593.
Stesagoras, Kimon's S., Herr der Dolonker I 595.
Stesenor, Tyrann von Kurion I 611.
Stesichoros (Tisias), Dichter in Himera I 528 f., II 530 f.
Stesimbrotos, Geschichtschreiber aus Thasos II 270, III 523.
Steuern, steuerbares Kapital der attischen Bürger III 573, 800; in den attischen Demen I 368. — s. Finanzen, Schatzung.
Sthenelaïdas, spartanischer Ephore III 357.
Sthenelos, dramatischer Dichter in Athen III 62.
Stilbides, attischer Zeichendeuter II 655.
Stiris, St. in Phokis I 110.
Stoichaden, Inseln an der Südküste Galliens I 431.
Strafsen, heilige I 483; von Delphi zum Olymp I 100; von Delos nach Delphi I 106; nach Eleusis II 315.
Strategen, Amt der in Athen II 223, 412, 825 f.
Stratokles, Amphipolitaner III 422.
Stratokles, attischer Archont II 469.
Stratokles, attischer Feldherr III 716.
Stratos, St. in Akarnanien II 400.
Strattis, attischer Komödiendichter III 58.
Strattis, Tyrann von Chios I 598.
Strepsa, St. in Makedonien II 352.

Strombichides, attischer Admiral II 682 f., 786, III 17.
Strophios, Krisäer I 101.
Struthas, persischer Oberfeldherr III 196.
Strymon, Fl. in Thrakien I 7, 598, III 390 f.; Bergwerke am I 342, 346.
Stymphalos, St. in Arkadien I 154.
Styraxstrauch I 54.
Styx, Fl. in Arkadien II 10.
Sunion, Vorgeb. in Attika. Poseidonfest in II 32; Festbauten in II 311 f.; befestigt II 677.
Susa, Hauptstadt von Persien I 590, II 41.
Susarion, komischer Dichter aus Megara II 295.
Syadras, Künstler aus Sparta I 516.
Sybaris, Themistokles' T., Athenerin II 549.
Sybaris, St. in Lukanien. Gründung I 248, 423; in Feindschaft mit Kroton I 252; zerstört II 547; Versuche der Herstellung II 548 f.; Neugründung II 252; Athener in II 549. — Colonien von I 424, II 546; Verkehr mit Sikyon I 211; Spiele in I 449; Münzen von II 551; Ueppigkeit I 408.
Sybota, Inselgruppe bei Korkyra II 349.
Syennesis, Fürst in Kilikien I 553, III 134.
Syke, Ort bei Syrakus II 638.
Sykophanten, in Athen II 434 f., III 13, 15, 110.
Syllogeis, attische Behörde III 46.
Syloson, Aiakes' S., Tyrann von Samos I 577.
Syloson, Kallitel es' S., Tyrann von Samos I 577, 587.
Symmorien, attische Steuervereine III 448, 468, 472 f., 573, 689.
Syndikoi, attische Behörde III 46.
Synoikismos, attischer I 284, 289.
Syntelien, Steuerbezirke des delischen Bundes II 213, 470.
Syrakosios, attischer Redner II 628 f.
Syrakus, St. auf Sicilien. Gründung I 256, 421, II 510 f.; gründet Akrai I 422; im Perserkriege II 64; im Kampfe mit Gela II 508; unter Gelou II 512 ff.; unter Hieron II 524 ff.; als Republik II 542 ff., 553; unter Hermokrates II 557 ff., 633 f.; Gylippos in II 664 ff.; unter Dionysius dem Jüngern III 335; unterstützt Sparta II 686, 711, III

293. — und Athen II 528, 556, 634 ff., 686. — Vergröfserung der Stadt II 537 f.; Theile der Stadt II 634; Münzen von II 540; Colonien von I 429, 511.
Syrer, im Heere des Xerxes II 45.
Syrte, Meerbusen an der afrikanischen Küste I 436.
Syssitien, gemeinsame Mahlzeiten in Sparta I 181, 183.

Tabalos, Perser I 565 f.
Tagein, Feldherrnamt in Thessalien III 311.
Tainaron, Vorgeb. von Lakonien I 163, 186.
Talent, Gewichtseinheit bei Homer I 137; Gewichts- und Münzeinheit in Kleinasien I 228; euböisches Goldtalent I 312; attisches I 325; persisches I 591, 663.
Taleton, Berg in Lakonien I 183.
Talthybiaden, spartanisches Priestergeschlecht I 168.
Talthybios, Agamemnon's Herold II 398.
Tamias, Amt des in Athen II 224.
Tamynai, St. in Euboia III 591.
Tanagra, St. in Böotien. Schlachten bei: Athen von Sparta geschlagen II 171, 175, 211; Tanagräer und Thebaner von Nikias geschlagen II 453. — spartanische Partei in III 284; von Theben genommen III 290.
Tanais, St. an der Maeotis I 401, 402.
Tantaliden I 83 f.; in Argos I 86; in Smyrna I 220.
Tantalos, K. von Lydien I 70, 83, 452.
Tantalos, Spartaner II 474.
Taphier, Volk auf den griechischen Westinseln I 45, 58, 416.
Taras, Stammheros von Tarent I 425.
Tarent, St. in Grofsgriechenland. Gründung I 195, 424; im Kampfe mit den Peuketiern I 521, II 548; im Kampfe mit Thurioi II 550; und Athen II 623; Gylippos bei II 643. — Münzen von I 424, II 552; Handel von I 426; Ueppigkeit von I 449; Dichtkunst in II 551.
Tarsis (Tartessos), St. in Iberien I 435.
Tarsos, St. in Kilikien I 428, 592.
Tartessos, St. in Iberien. Phokäer in I 435; Samier in I 457, 576; Tyrier in I 568. — Erz aus I 241.
Taureas, Athener II 602.

Taurier, Volk in der Krim I 397, 401.
Tauros, Geb. in Kleinasien I 5, 71.
Taurosthenes, Mnesarchos' S., Chalkidier III 801, 679.
Taygetos, Geb. in Lakonien I 163, 175, 177, 183, 188, 190.
Tegea, St. in Arkadien, überseeische Ansiedelungen in I 76; in Verbindung mit Paphos I 154; in den Perserkriegen III 68, 90, 93; unterstützt die Gründung von Megalopolis III 322; Unruhen in III 324 f.; im Gegensatz zu Mantineia III 362 f.; im Bunde mit Theben III 368; gewinnt die Skiritis III 727. — und Sparta I 207 f., II 166, 565, III 179, 318. — Tempel der Athena in III 531.
Tegea, St. in Kreta I 154.
Tegyra, St. in Böotien III 290.
Tektonik I 510.
Telamon II 8.
Telchinen, Zauberdämonen I 79.
Teleboer, lelegischer Volksstamm I 416.
Teledamos, Argiver III 660.
Telekleides, attischer Komödiendichter II 464.
Telekles, Künstler aus Samos I 518.
Telemachos, Tyrann von Akragas II 517.
Telesagoras, Naxier I 603 f.
Telestes, K. von Korinth I 255.
Teleutias, spartanischer Admiral III 187, 197 f., 201, 203, 248.
Telines, Priester aus Telos in Gela I 452, II 507.
Telmessier, Volk in Lykien I 457.
Telos, Insel im ägäischen Meere I 427, 452.
Temeniden, argivisches Herrschergeschlecht I 156, 192, 232; in Makedonien I 598, III 399 f., 786.
Temenion, St. in Argos I 148.
Temenites, Vorstadt von Syrakus II 634, 679.
Temenos, Herakilde I 144, 148, III 399.
Temesa, St. in Bruttium I 416.
Tempe, Thal in Thessalien I 8, II 18; Apollocult in I 98, 100; Verbindung mit Delphi I 467, 474; von den Griechen besetzt II 65.
Tempel, Heiligkeit der I 453; Architektur der I 254, 502 f. (s. Architektur); Hypaethraltempel I 508; als Geldinstitute I 458; attische Tempelschätze II 331.

Tenedos, Insel bei Troja, Schiffsstation der Phönizier I 36; von den Achäern erobert I 119; von Persien unterworfen I 618; im neuen attischen Bunde III 449; und Athen III 579, 677, 744. — Astronomie in II 273.
Tenos, Insel im ägäischen Meere. Cult des Poseidon I 98; in den Perserkriegen II 81.
Teos, St. in Ionien I 223; colonisirt Naukratis I 407; gründet Abdera I 568; im ionischen Aufstande I 615; von Sparta genommen II 683, 754. — Teïer am kimmerischen Bosporos I 399; in Naukratis I 407.
Teres, Häuptling der Odrysen III 391, 552.
Terias, Fl. in Sicilien I 424.
Terillos, Tyrann von Himera II 518, 521.
Termilen, Volk in Lykien I 72.
Terpandros, Dichter und Musiker aus Lesbos I 185, 529, II 90; in Sparta I 196, 530. — Geschlecht des III 81.
Tetradrachmen, attische I 325, 647.
Tetralogien, dramatische II 287, III 86, 527 f.
Tetrapolis, ionische in Attika I 106, 283, 288, 367.
Teukrer, Volksstamm in Troas I 82.
Teukriden III 158.
Teumessos, Geb. in Böotien I 78.
Teuthis, St. in Arkadien III 323.
Teutiaplos, Eleer II 431.
Thalamai, St. in Lakonien I 162, 205.
Thales, Philosoph aus Milet, Einer der sieben Weisen I 499 f.; berechnet eine Sonnenfinsterniss I 555, 661; Lehre des II 192.
Thaletas, Dichter aus Kreta I 160, 197, 530.
Thallophoren, an den Panathenäen in Athen I 386.
Thannyras, Inaros' S., Aegypter II 817.
Thapsakos, St. am Euphrat III 135.
Thapsos, Halbinsel bei Syrakus II 637 f.
Thargelia, Hetäre aus Milet II 60, 227.
Thargelion, attischer Monat I 461.
Thasos, Insel im thrakischen Meere. Danaos auf I 56; Parier auf II 5; von Persien entwaffnet II 6; und Athen II 142 f., 151, 200, III 403, 579; und Sparta III 8; Tribut von an Athen II 250, 816. — Malerei in II 301; Phi-

lologie in III 523. — Thasier in Thrakien III 421.
Theagenes, Tyrann von Megara I 267, 271, 295, 428, 582.
Theagenes, thebanischer Feldherr III 716.
Thearion, attischer Bäcker III 490.
Theater, des Dionysos in Athen II 285, 318, II 745; Eintrittspreis II 150 f., 215; Volksversammlung im II 716; im Peiraieus (Munychia) II 716, 786. — auf Sunion II 312.
Thebai, St. in Troas I 119.
Thebe, Iason's T., Thessalerin III 342, 345.
Theben, St. in Aegypten I 403.
Theben, St. in Böotien. Gründung und älteste Bevölkerung I 79, 458; Zug der Sieben und der Epigonen I 86; unterstützt die Peisistratiden I 342; im Kriege mit Athen I 375, 378; Abfall von Plataiai I 375 f.; im Bunde mit Aigina II 7; in den Perserkriegen II 64 f., 68, 70, 90, 96 f., 100; im Kriege mit Athen II 169 f., 178 f.; im peloponnesischen Kriege II 367, 381 ff., 423 f., 476 f., 502, 597, 671 f., 680, 781; nimmt flüchtige Athener auf III 28; verweigert Sparta die Heeresfolge III 129, 161; im korinthischen Kriege III 170 f., 178 ff., 188, 197, 201, 204; beim Friedensschluss III 206; jungböotische Partei in III 261; demokratische Umwälzung in III 262 ff.; und Sparta III 273 ff., 287, 294 ff., 300 ff., 326 ff., 368 ff.; im neuen attischen Bunde III 282, 449 f., 465; und Thessalien III 342, 346 ff., 366 f.; als Seemacht III 365; Rückblick auf die Gröfse Thebens III 372 ff.; in heiligen Kriege gegen Phokis III 435; in demosthenischer Zeit III 579, 627, 700, 702, 706 ff., 714, 716 ff. — Heiligthum des ismenischen Apollo in I 493; Kunst in III 381 f. — Quellen für die Geschichte der thebanischen Hegemonie III 770 f.
Theisoa, St. in Arkadien III 323.
Themison, Tyrann von Eretria III 590.
Themistoklea, Priesterin in Delphi I 502.
Themistokles, Neokles' S., Athener. Zeit des II 795, 804; Herkunft und Jugend II 15 f.; gründet den Pei-

raieus II 17 f.; organisirt die Flotte II 30 f.; und Aristeides II 31. f., 131 f.; hellenische Politik II 61; als Feldherr II 65 f.; bei Salamis II 77 f.; nach der Schlacht bei Salamis II 81 f.; im ägäischen Meere II 103; leitet den Neubau von Athen II 107 f.; in Sparta II 109 f.; nach der Schlacht bei Plataiai II 129 f.; durch Ostrakismos verbannt II 132; im Peloponnes II 133, 155; flüchtig II 136; in Persien II 137 f.; Tod II 141. — Schiedsrichter zwischen Korinth und Kerkyra II 344; und Italien II 549; und Delphi II 86; und Aischylos II 132, 290; and Hieron II 528, 807; und Pausanias II 134 f.; und Perikles II 207; und Simonides II 63; und Timokreon II 129 f. — Nachkommen des II 406.

Theodektes, attischer Dichter III 539.
Theodoros, attischer Priester II 749.
Theodoros, Rhetor aus Byzantion III 515.
Theodoros, Künstler aus Samos I 518, 581.
Theodosia, St. in der Krim I 401.
Theogenes, Athener II 467.
Theognis, Athener, Einer der Dreifsig III 19; als Dichter III 62.
Theognis, Dichter in Megara I 268 f., II 534.
Theokles, Athener I 420.
Theokles, messenischer Seher I 202.
Theokosmos, Bildhauer aus Megara II 375.
Theopompos, Geschichtschreiber aus Chios III 282, 520 f., 736.
Theopompos, Milesier II 770.
Theopompos, K. von Sparta I 190, 193 f., 199, 232.
Theopompos, Thebaner III 265.
Theorencollegien I 533.
Theorien, Festgesandtschaften I 454, 459.
Theorika, Festgelder in Athen II 151, 215, III 49, 458.
Theotimos, Phokeer III 432 f.
Thera, Insel im ägäischen Meere. Danaos auf I 56; Verehrung des Poseidon I 163; lakonisch-minysche Ansiedlung auf I 437; und der delische Bund II 235, 592. — Bautwirkerei auf I 50, 437; Vasen aus I 514; Ansiedlungen von in Libyen I 437.
Therai, Bezirk in Lakonien I 183.

Theramenes, Hagnon's S., Athener II 719, 760, III 108 f., 402; Führer der oligarchischen Partei II 700, 714; geht zur Volkspartei über II 716; Ankläger des Antiphon II 721; bei Kyzikos II 729 f.; bei Byzanz II 737; in der Arginusenschlacht II 757, 759; im Processe wegen der Arginusenschlacht II 760 f.; Stellung nach dem Processe II 772; als Friedensbevollmächtigter II 782 ff.: Einer der dreifsig Tyrannen II 790, III 20 ff.; hingerichtet III 25. — in der Komödie III 529.
Theramenes, spartanischer Admiral II 687.
Therapne, St. in Lakonien I 163.
Theras, Kadmeer in Sparta I 164.
Therippides, Athener III 554.
Therma, St. in Makedonien II 48, 390, III 396, 406.
Thermopylai, Engpass am Oita I 9, II 67; K. Leonidas bei I 475; im Besitze von K. Philippos III 696, 704.
Theron, Tyrann von Akragas II 517 f., 523, 527. — und Piudaros II 537.
Thersandros, Kerkyräer III 285.
Thersilion, Rathhaus in Megalopolis III 322.
Thersites I 135.
Thesauren, angebliche I 127.
Theseus, mit Herakles verwandt I 55; in Kleinasien I 117; König von Attika I 281; Heiligthum des in Athen I 325; in der Schlacht bei Marathon II 191; Gebeine des II 125, 127, 146. — s. Synoikismos.
Thesmotheten, Collegium von sechs Archonten in Athen I 293.
Thespiai, St. in Böotien, überseeische Ansiedelungen I 176; in Feindschaft mit Theben II 57; in den Perserkriegen II 64, 68, 70, 90; Spartaner in III 274, 278; spartanische Partei in III 284; von Theben genommen III 290, 311; von K. Philipp wiederhergestellt III 718. — Thespier bei Leuktra III 304.
Thespis, aus Ikaria, Gründer der dramatischen Spiele I 357, II 284.
Thesproter, Volksstamm in Epeiros 192.
Thessalien, natürliche Beschaffenheit I 4; Ionier in I 58; Aeolier in I 81; Achäer in I 83 f.; Einwanderung aus Epeiros I 93, 138; in der delphischen

Amphiktyonie I 100; den Hellenen entfremdet I 105, 451; im Bunde mit Chalkis I 231; im heiligen Kriege gegen Krisa I 246; unterstützt die Peisistratiden I 342, 360; Aleuaden in II 42 f.; im Perserkriege II 65 f., 74; im Bunde mit Athen II 155, 171; Athener in II 474; im peloponnesischen Kriege II 481 f., 678, III 337 f.; Volksbewegungen in II 788, III 338; im korinthischen Kriege III 175 f.; unter Iason von Pherai III 308, 339 ff.; und Makedonien III 412; unter Alexandros von Pherai III 345; und Phokis III 432, 435, 437 f.; in der delphischen Amphiktyonie III 628; und K. Philippos III 440, 620 f., 638, 666 f., 739. — äolischer Dialekt in I 24; Heroensage in I 56; Thessaler als Söldner III 220.

Thessalos, Kimon's S., Athener II 147, 627.

Theten, unterste solonische Vermögensklasse I 316, II 412, 823 f.

Thibron, spartanischer Feldherr, in Ionien III 144 f., 196, 198.

Thisbe, St. in Böotien III 303.

Thoas, K. von Lemnos I 123.

Thoas, Tyrann von Milet I 228.

Thongefäfse s. Vasen.

Thorax, Spartaner III 121.

Thorax, Aleuas' S., Thessaler II 42, 85.

Thorikos, attischer Demos I 367.

Thraker, in Kleinasien I 39; in Attika I 280; im Heere des K. Dareios I. 595; im Heere des Xerxes II 48.

Thrakiden, delphisches Geschlecht III 434.

Thrakien, natürliche Beschaffenheit III 390 f.; Einwanderungen in I 112, 409; Colonien in I 409 f., 568; im Kriege mit Persien I 597 f., 619; unter Seuthes III 393; unter Kotys III 414; unter Kersobleptes III 463, 579 ff. — und Athen II 142, III 391 f., 463; und K. Philippos III 440, 580, 582, 619, 681 f. — Produkte von II 261. — thrakischer Steuerbezirk des delischen Bundes II 243.

Thrauiten II 621.

Thrasondas, Böotier II 757.

Thrasybulos, Lykos' S., Athener, bei Samos II 706 f.; bei Abydos II 727; bei Kyzikos II 729 f.; in Thrakien II 735; in der Arginusenschlacht II 757, 759; verbannt III 16: Führer der flüchtigen Athener III 28 ff.; siegt bei Munychia III 32; in Attika III 31 ff.; Einzug in Athen III 40; in Theben III 171; Seezüge III 201 f.; sinkender Einfluss III 213, 217 f.; Tod III 202. — und Theben III 52, 446.

Thrasybulos von Kollytos, attischer Staatsmann III 171, 204, 446.

Thrasybulos, Thrason's S., Athener II 752.

Thrasybulos, Tyrann von Milet I 262, 550.

Thrasybulos, Deinomenes' S., Tyrann von Syrakus II 541 f.

Thrasydaios, Tyrann von Akragas II 527.

Thrasydaios, Eleer III 148, 150.

Thrasykles, Athener III 697.

Thrasyllos, Argiver II 580 f.

Thrasyllos, attischer Feldherr, bei Samos II 706 f.; bei Abydos II 727; in Ionien II 733 f.; bei Chalkedon II 735; in Athen II 738; in der Arginusenschlacht II 756; Tod II 765.

Thrasylochos, Kephisodoros' S., Athener III 556 f.

Thrasylochos, Messenier III 660.

Thrasymachos, Sophist aus Chalkedon III 99, 513, 517 f.

Thrasymedes, Bildhauer aus Paros II 336, 375.

Thudippos, Athener, II 469 ff., 605.

Thukydides, Melesias' S., Athener. Haupt der kimonischen Partei II 186, 221; verbannt II 187; nach der Rückkehr II 377. — Nachkommen des II 407.

Thukydides, Oloros' S., attischer Geschichtschreiber, als Feldherr II 485 f.; verbannt II 487, 826 f.; wegen Freigeisterei verdächtigt III 59. — Sprache III 505; Quellen II 515. — und Demosthenes III 563; und Herodot II 279.

Thunfische, im Bosporus I 397, 399, III 676.

Thuria, St. in Messenien II 144.

Thuria, Quelle bei Thurioi II 253.

Thurioi, St. in Lucanien. Gründung II 253, 549; im Kampfe mit Tarent II 550; und Athen II 623, 643.

Thyamis, Fl. in Epeiros I 92.

Thyestes I 87, 166.

Thymbra, Ort in Troas I 465.

Thymochares, attischer Admiral II 717.
Thyrea, St. in Argolis II 473.
Thyreatis, Landschaft im Peloponnes III 727.
Thyssos, St. am Athos II 590.
Tigranes, persischer Feldherr II 105.
Tigranes, persischer Satrap III 470.
Tilphossion, Geb. in Böotien III 150.
Timagenidas, Thebaner II 97.
Timagoras, Athener III 353.
Timaia, Gemahlin K. Agis' von Sparta II 689, III 153.
Timandra, Geliebte des Alkibiades III 18.
Timarchos, Arizelos' S., Athener III 650 ff.
Timema (Steuerkapital) I 316.
Timagoras, Kyzikener II 671.
Timokrates, Athener II 760.
Timokrates, attischer Redner III 567 f.
Timokrates, Rhodier III 168, 170, 215.
Timokreon, Dichter aus Rhodos II 129, 299.
Timolaos, Korinther III 170, 175.
Timolus, Thebaner III 696, 702.
Timomachos, attischer Feldherr III 463.
Timon, Athener II 629, III 107, 529.
Timon, Delphier II 66.
Timonassa, Argiverin, Gemahlin des Peisistratos I 362.
Timotheos, Konon's S., Athener III 250, 450 f., 451, 549; Führer der Bundesflotte III 252; im ionischen Meere III 255, 258; im ägäischen Meere III 291; bei Amphipolis III 421, 463, 596: in persischen Diensten III 453; am Chersonnes und in Samos III 457 f., 580; Tod III 471. — Kriegsführung III 478; auswärtige Verbindungen III 479. — und Theben III 446; und Aristophon III 462; und Iason von Pherai III 339; und Isokrates III 511, 539; und Platon III 509. — Denkmal des Sieges bei Leukas III 535.
Timotheos, attischer Bildhauer III 540.
Timotheos, Klearchos' S., Tyrann von Herakleia III 547.
Timotheos, Thersandros' S., Musiker aus Milet III 82 ff, 410.
Tiresias, Seher in Theben I 455.
Tirhaka, K. von Aegypten I 404.
Tiribazos, persischer Satrap III 193 ff., 203 f., 206, 211.

Tiryns, St. in Argolis. Gründung I 85, 130; kyklopische Mauern von I 126; bleibt achäisch I 151; in den Perserkriegen II 64, 90; von Argos unterworfen II 154.
Tisamenos, Orestes' S. I 108, 169.
Tisamenos, Mechanion's S., Athener III 46 f.
Tisamenos, Seher aus Elis III 125.
Tisias, Redner aus Syrakus II 253, 544, III 515. — s. Stesichoros.
Tisias, attischer Feldherr II 593.
Tisiphonos, Iason's S., Thessaler III 780, 431.
Tissapheroes, persischer Satrap II 742 f., III 16, 142 ff., 165; und Sparta II 679, 683 f., 687 f., 691, 711, 725 f.; und Athen II 670 f., 697 f. — und Agesilaos III 162 ff.; und Alkibiades II 689 f., 698, 728; und Konon III 182; und Kyros II 130 f., 760; und die Heerführer des Kyros III 137; und Pharnabazos III 157; und Thrasyllos II 734.
Titaresios, Fl. in Thessalien I 96.
Tithora, St. und Berg in Phokis III 436, 704.
Tithraustes, persischer Satrap III 167 f.
Titormos, Aetoler I 248, 270.
Tmolos, Geb. in Lydien I 66.
Tolmides, attischer Feldherr II 173, 176, 179, 223.
Tomaros, B. in Epirus I 92.
Torone, St. auf Chalkidike I 410, II 489, 495, 590, III 7.
Trachiner, Volksstamm der Malier in Thessalien I 101.
Trachis, St. am Oeta I 101, II 68; Neugründung II 451 f. — s. Herakleia.
Tragödie in Athen II 253 ff., III 60 ff., 527 f. — s. Aischylos, Euripides, Sophokles.
Trameler, Volk in Lykien I 72.
Trapezus, St. am Pontos. Gründung I 400, 653, III 139.
Trapezus, St. in Arkadien III 324.
Treren, Stamm der Kimmerier I 549.
Triballer, thrakische Völkerschaft III 392, 700.
Tribute, an Persien I 590. — der Genossen des delischen Bundes: Festsetzung durch Aristeides II 122; nach Athen abgeführt II 165; Art der Schätzung II 239, 243 f.; Tri-

butbezirke II 243; Quote der Athena
II 246; Erhöhung II 469 f., 526; Tributlisten II 165, 246 f., 370, 592. — des neuen attischen Seebundes III 251.
Trierarchie, in Athen II 241, III 473, 556 f., 569, 572, 647, 689 f., 811.
Trieren, Erfindung der in Korinth I 253, 256; Einführung der in Samos I 576; attische II 233.
Triglyphen I 504, 506.
Trikaranon, Burg bei Phlius III 577.
Trikolonoi, St. in Arkadien III 324.
Triphylien, Landschaft in Elis I 153; im Bunde mit Pisa gegen Sparta I 213 f.; von Elis unterworfen I 216; fällt von Elis ab III 149 f., 359.
Tritaia, St. in Achaja I 422.
Triton, Fl. in Libyen I 436.
Troas, Landschaft in Kleinasien. Natürliche Beschaffenheit I 68; Leleger in I 45; von Assyrien unterworfen I 67; Dardaner in I 67; Beziehung zu Kreta I 74; von Aeoliern erobert I 113, 135; von Mitylene colonisirt I 343.
Troer, Bewohner von Troas. Abkunft I 68; Cultur der I 132; in Sicilien I 419.
Troizen, St. in Argolis, gründet Halikarnass I 114; wird dorisch I 149; an der Gründung von Sybaris betheiligt I 423; in den Perserkriegen II 64, 75, 90, 104; verlässt den attischen Bund II 181; im peloponnesischen Kriege II 394; unterstützt Sparta gegen Theben III 335.
Troja (Ilion), St. in Troas I 70; Lage I 69; trojanischer Krieg I 115 f.; Chronologie des trojanischen Krieges I 135.
Trophonios, mythischer Künstler I 507; Orakel des in Lebadeia I 555.
Tros, Stammheros der Troer I 68.
Tursa (Tyrrhener) I 40.
Tyche, Stadttheil von Syrakus II 513, 538.
Tydeus, attischer Feldherr II 769.
Tymphrestos, Geb. in Thessalien I 8.
Tyndariden, lelegischer Fürstenstamm I 87, 163.
Tyndareon, Syrakusaner II 544.
Tyrannen, dreifsig, in Athen s. Dreifsig.
Tyrannis. Begriff der I 226; Zeitalter der I 235, 270 f.; und die Kunst I 518; und Sparta I 271 f. — in Akragas II 517 f.; in Argos I 234 f.; in Athen I 336 f., 353 s. Peisistratiden); auf Euboia III 342, 590; in Gela II 507 ff.; in Herakleia III 546; in Ionien I 228, 618; in Korinth I 255 f.; in Lesbos I 343: in Megara I 267; in Naxos I 361; in Samos I 576 f., 593; in Sicilien II 532; in Sikyon I 239 f.; in Syrakus II 511 ff., III 129.
Tyras, St. am Dniester I 400.
Tyrodiza, St. an der Propontis II 46.
Tyros, St. in Phönizien I 34; Colonien von I 50; unter persischer Herrschaft II 519 f.; von Euagoras genommen III 211.
Tyrrhener, in Kleinasien I 39; beunruhigen Aegypten I 40; identisch mit den Pelasgern I 41; wandern aus Lydien I 221; in Attika I 255; in Italien I 416, 431, II 519, 525 f., 636, 655.
Tyrtaios, Dichter aus Aphidna in Sparta I 199; Sprache des I 527, 530.

Uinim (aegypt. Ionier) I 41.
Unsterblichkeitslehre I 496 f.
Unterricht, in Athen II 188 f., III 27.
Urkunden, in Tempeln aufbewahrt I 490; Veröffentlichung der attischen II 162; Fassung der attischen III 49 f., 213; Ausstattung mit Bildwerken III 539.

Vasen, orientalisirende I 514; korinthische I 254; rothfigurige II 301 f.; attische II 255, 300, III 541 f.
Verfassung, attische in der Königszeit I 289 f.; nach dem Sturze des Königthums I 291 f.; solonische I 309 f., 346, 383; kleisthenische I 366 ff.; Reformen des Aristeides II 112 ff.; des Perikles II 155 ff., 212 ff.; Umsturz durch die Oligarchen II 704 ff.; Wiederherstellung II 718; von Lysandros aufgehoben II 790 f. (s. Dreifsig); Herstellung durch Thrasybul III 41; Reformen unter Eubulos III 485 ff.; unter Demosthenes III 646 ff. (s. Areopag, Beamte, Gerichte, Rath, Volksversammlung. Kleisthenes, Solon u. s. w.) — spartanische, s. Lykurgos, Ephoren, Gerusia. — kretische I 157 ff.
Vierstadt s. Tetrapolis.

Vogelschau I 455, 459.
Volksversammlung, bei Homer I 134; in Sparta I 178; in Athen: unter Solon I 318; unter Perikles II 211; Sold II 220, 513, 704, III 213; durch die Oligarchen eingeschränkt III 704; wiederhergestellt II 718; unter Demosthenes III 647 f. — s. Pnyx.
Votivreliefs, attische III 539.

Wanderung, dorische I 105 f.; ionische I 109 f.; äolisch-achäische I 112.
Wasserleitungen, in Akragas II 539; in Attika I 349; in Böotien I 77; in Kyrene I 439; in Megara I 267; in Samos I 582; in Syrakus II 539.
Wegebau I 454.
Weihgeschenke I 511 f.
Weinbau, in Attika I 352; Weinhandel nach dem Pontos I 402; nach Aegypten I 407.
Weisen, die sieben I 493 f.
Weissagung s. Mantik.
Woche, zehntägige I 496, 659.

Xanthippos, Ariphron's S., attischer Feldherr. Abstammung II 205; klagt den Miltiades an II 28 f.; als Admiral II 86; bei Mykale II 104; bei Sestos II 106; verbannt II 209.
Xanthippos, Perikles' S., Athener II 226.
Xanthos, St. in Lykien, von Harpagos erobert I 571.
Xanthos, Bach in Epiros I 93.
Xenares, spartanischer Ephore II 566.
Xenias, Eleer III 150.
Xenokleides, Dichter III 664.
Xenokles, attischer Architekt II 313.
Xenokrates, Tyrann von Akragas II 517.
Xenophanes, Philosoph aus Kolophon II 193.
Xenophon, Gryllos' S., Athener III 496 ff.; im Heere des Kyros III 138, 221; Führer der Kyreer III 139 f.; in Byzanz und Thrakien III 140 ff.; bei Thibron III 145; bei Agesilaos III 163; in der Schlacht bei Koroneia III 181. — als Geschichtschreiber III 137, 229, 232, 519, 546, 770 f.; als Philosoph III 498 ff.; Sprache des III 505 f. — pseudoxenophontische Schriften III 518, 545 f., 612, 806.
Xerxes, K. von Persien. Geburt II 40; Thronbesteigung II 41; im Bunde mit den Aleuaden II 42; Zug gegen Griechenland II 43 ff., 68 ff.; Rückzug II 83 f.; in Sardes II 105; und Pausanias II 117; ermordet II 138. — und Makedonien III 402.
Xerxes II, K. von Persien II 670.
Xuthos I 253.

Zakynthos, Insel im ionischen Meere I 412, II 371, III 258.
Zaleukos, Gesetzgeber in Lokroi I 535.
Zamolxis, thrakischer Weiser II 773.
Zankle s. Messana.
Zehnmänner, spartanische Behörde II 668 f., III 5; im Peiraieus III 13; attische nach der Spaltung der Dreissig III 33 ff., 39.
Zeiteintheilung s. Kalender.
Zeitrechnung s. Chronologie.
Zenon, Philosoph aus Elea II 201, 207, 270.
Zenon, Tänzer aus Kreta III 159.
Zethos I 80.
Zeugiten, dritte solonische Vermögensklasse I 316.
Zeus, pelasgischer I 43, 46, 61, 64, 502. — in Attika I 279, 252; in Dodona I 92; auf Ithome I 146; in Kreta I 61; in Olympia I 209. — Beinamen: Ammon I 496, II 305, III 121; Dipatyros I 45; Eleutherios II 317; Epikoinios I 48; Herkeios I 289, 293, 351; Homagyrios I 425; Homarios I 425; Lykaios I 155, III 318; Panhellenios II 8; Patroos I 144; Polieus I 252; Stratios I 612; Triopas I 73.
Zeuxis, Maler aus Herakleia III 410.
Zinn, britisches I 434.
Zinsfuss, attischer, durch Solon festgestellt I 313.
Zopyros, aus Herakleia I 355.
Zwölfgötter, in Delphi festgestellt I 102, 470; Altar der im Kerameikos I 349.
Zwölfstädte, ionische I 223 f., 391 f., 423; attische I 367.